추천사

과학에 대한 학생들의 공통적인 평가는 실험은 재미있지만 교과서 속의 과학 내용은 어렵다는 것입니다. 초등학교 저학년까지 대다수의 아이들에게 인기 만점인 과학 과목은 장래 희망으로 과학자를 포함하여 과학 관련 직업을 꿈꾸게 합니다. 그러나 초등학교 고학년을 지나 중학생이 되면 일부의 학생들만 잘하는 어려운 과목이 되어버립니다. 아이들이 과학을 실생활과 연계된 유용한 과목으로 인식하며 재미있게 학습하고, 과학 학습을 통해 다양한 과학적 소양을 키워 삶을 살아가는 데 도움이 되는 것이 과학 교사로서 과학을 가르치는 목적이자 바람입니다.

《과학 추리반 아이들》은 학교에서 일어나는 여러 문제들을 서로 다른 성격과 개성을 가진 4명의 친구들이 용액의 농도, 용액의 액성, 오목렌즈와 볼록렌즈 등의 과학적 개념을 활용해 함께 해결하는 과정을 보여줍니다. 과학 추리반 아이들이 여러 미션을 과학적으로 해결하는 과정은 추리소설을 읽는 것처럼 흥미진진하고 컴퓨터 게임의 레벨을 올리는 것처럼 짜릿합니다. 등장인물에 동화되어 함께 문제를 해결하다 보면 과학적 탐구력과 사고력, 과학적 의사소통 등의 과학적 역량이 어느새 쑥쑥 자라날 것입니다.

우리 친구들도 이 책을 통해 일상생활에서 만나는 여러 상황들을 과학과 연계하여 사고하고 문제를 해결할 수 있는 힘을 기르기를 희망합니다.

전국과학교사모임 유주민 선생님

과학 추리반 아이들

copyright ⓒ 2023, 윤자영
이 책은 한국경제신문 한경BP가 발행한 것으로
본사의 허락 없이 이 책의 일부 또는 전체를 복사하거나
전재하는 행위를 금합니다.

어린이를 위한 과학 사고력 동화

과학 추리반 아이들

윤자영 글 | 이갑규 그림

한국경제신문

스스로 생각하는 힘이 만들어 내는 놀라운 세상

여러분, 챗GPT라는 말을 들어 보셨나요? 인공지능 챗봇으로 사람과 대화하는 서비스예요. 출시된 지 얼마 되지 않아 전 세계적으로 1억 명이 이용하는 돌풍을 일으켰지요. 돌풍의 이유는 기존의 대화형 인공지능과 다르게 정확도가 높은 논문을 작성할 뿐 아니라 번역, 작곡, 코딩까지 하기 때문이에요. 미국의 출판사에서는 인공지능이 쓴 소설을 자신이 쓴 것인 양 제출하는 작가들 때문에 골머리를 앓고, 대학에서는 수업 때 받은 에세이 과제를 인공지능에 맡겨 제출하는 학생들이 생겨나 문제가 되고 있답니다. 물론 인공지능은 너무나 유용하고 편리한 기술이지만, 어떤 학자는 미래에 95%의 인간이 인공지능에 지배받는 생활을 하리라고 경고하기도 했죠.

그렇다면 미래에는 인공지능이 사람의 모든 일을 대체하게 될까요? 아마 그렇지는 않을 거예요. 아무리 과학이 발달해 사

람처럼 생각하고 행동하는 인공지능이 나온다고 하더라도 그들은 절대로 갖출 수 없는 능력이 있거든요. 바로 창의성입니다. 창의성은 전혀 연결되지 않을 것 같은 내용을 연결해 새로운 것을 생각해 내는 능력을 말해요. 우리 일상에서 쉽게 볼 수 있는 스마트폰이 대표적인 예입니다. 컴퓨터와 전화라는 각각 다른 기능을 가진 두 기기를 하나로 만들어 낸 것인데, 그런 창의성을 발휘한 스티브 잡스 같은 사람이 있었기에 세상에 나올 수 있었죠.

창의성은 하루아침에 만들어지는 것이 아닙니다. 호기심과 끈기를 가지고 새로운 문제를 스스로 고민하고 답을 찾아 가는 연습을 통해 길러지지요. 그런 점에서 과학은 창의성을 기르기에 아주 좋은 수단입니다. 이 책 《과학 추리반 아이들》에는 다

양한 성격의 아이들이 나옵니다. 호기심 많고 참견하기 좋아하는 지민이, 무뚝뚝해 보이지만 알고 보면 마음이 따뜻한 승아, 먹는 것을 좋아하는 초후각과 초미각의 소유자 현보, 유튜버가 되겠다며 시도 때도 없이 액션캠을 들이대는 해성이죠. 서로 어울리지 않는 조합인 듯하지만, 과학 추리반을 함께하면서 서로의 장점을 인정하고 삐걱거리는 부분들은 서로 맞춰 가며 학교에서 일어나는 여러 문제를 과학적으로 해결하지요.

  과학 추리반 아이들은 뒷동산에 나타난 좀비, 입에서 폭발한 콜라, 자동차 우유 테러 사건을 과학적 탐구력과 창의성으로 풀어갑니다. 단순히 과학 지식을 적용하는 것으로 끝나는 것이 아니라 주변을 관찰하고 그 이유와 원리를 친구들과 끊임없이 토론하고 생각하며 문제를 슬기롭게 해결해 나가죠.

　과학이 어렵게만 느껴진다면, 그 이유는 바로 과학을 지식으로만 암기하기 때문입니다. 과학 지식을 실생활에 이용하고 적용해 보는 습관을 들이면 즐겁게 공부할 수 있어요. 또한 과학적으로 생각하는 힘을 키우면 남들과는 다른 시각으로 세상을 바라보는 지혜로운 사람이 될 수 있답니다.

　어렵다고요? 이 책의 주인공들을 보세요. 엉뚱한 생각이 문제 해결로 연결되는 장면을 곳곳에서 만날 수 있어요. 우리도 과학 추리반 아이들처럼 과학을 실생활에 적용하면서 창의성을 키워 봅시다!

윤자영 선생님

차례

작가의 말_ 스스로 생각하는 힘이 만들어 내는 놀라운 세상 ~~~~ 004

○ 1장 ○
이상한 과학 추리반 선발 시험

○ 과학 영재반이 아니라 과학 추리반이라고요? ~~~~ 012
○ 추리의 시작은 관찰! ~~~~ 018

○ 2장 ○
탐정에게는 아지트가 필요해

○ 동아리실, 꼭 차지하고 말겠어! ~~~~ 030
○ 짠맛 나는 2차 시험 ~~~~ 037

○ 3장 ○
웰컴 투 과학 추리반

○ 일곱 빛깔 무지개와 세 자리 비밀번호 ~~~~ 058
○ 파란색을 노란색으로 바꾸는 방법 ~~~~ 065

○ 4장 ○
사건 의뢰함이 생기다

○ 첫 번째 의뢰: 뒷산 좀비 출몰 사건 ~~~~ 080
○ 누군가가 우릴 지켜보고 있어! ~~~~ 090
○ 거대 좀비의 정체는? ~~~~ 096

○ 5장 ○
과학이 조금씩 재밌어지려고 해

- ○ 두 번째 의뢰: 콜라 폭발 사건 ～～～ 114
- ○ 초후각이 찾아낸 의외의 범인 ～～～ 119

○ 6장 ○
우리는 짝퉁 과학 영재반이 아니야!

- ○ 세 번째 의뢰: 자동차 우유 테러 사건 ～～～ 136
- ○ 사라진 증거, 완벽한 알리바이? ～～～ 153
- ○ 내 추리에 따르면 범인은 바로……! ～～～ 164

○ 7장 ○
과학 추리반을 지켜라!

- ○ 과학 추리반 vs 과학 영재반 ～～～ 178
- ○ 쇠구슬과 이진법 ～～～ 185
- ○ 이상한 나침반과 수상한 자석 ～～～ 200

○ 8장 ○
함께라면 뭐든지 할 수 있어

- ○ 마지막 대결 '계란을 지켜라!' ～～～ 212
- ○ 중요한 건 바로, 꺾이지 않는 마음이야 ～～～ 223

1장
이상한 과학 추리반 선발 시험

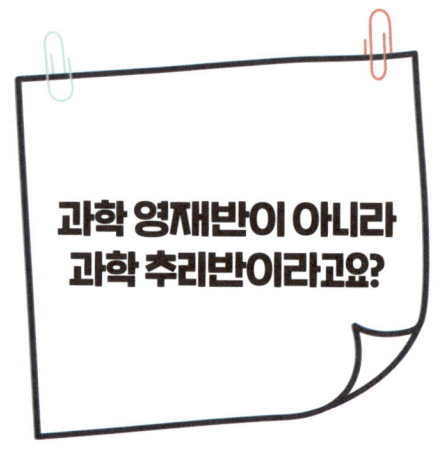

과학 영재반이 아니라 과학 추리반이라고요?

"와! 정말 많이도 왔다."

지민이가 놀란 눈으로 소강당을 둘러보았다. 5학년 과학 영재반 선발 시험에 참여하려는 아이들이 스무 명 넘게 와 있었다. 왁자지껄 모인 아이들 사이로 꾸벅꾸벅 조는 남자아이가 보였다. 지민이와 작년에 같은 반이었던 장현보였다. 현보는 몸집이 크고 먹는 걸 아주 좋아했다. 쿨쿨 자다가도 누가 과자 봉지라도 뜯으면 귀신같이 알고 눈을 번쩍 뜨곤 했다.

"안녕하십니까요, 헬로해성님들. 혜성처럼 밝은 남자 문해성입니다요."

요란한 소리에 돌아봤더니 얼굴에 장난기가 가득한 남자아이가 손에 액션캠을 들고 들어오고 있었다. 인기 유튜브 크리에이

터를 꿈꾸는 문해성이었다.

"쟤 또 저러네."

지민이는 고개를 절레절레 저었다. 평소 해성이는 아무 때나 액션캠을 들고 자기 맘대로 촬영하는 버릇이 있었다. 그래서 해성이를 불편해하고 꺼리는 아이들이 많았다.

"오늘은 과학 영재반 선발 시험장에 왔습니다요. 우아, 겨우 네 명을 뽑는데 스무 명도 넘게 왔나 봅니다요! 최종 네 명에 저도 들 수 있게 헬로해성님들의 열렬한 응원을 부탁드립니다요."

지켜보던 지민이는 아무래도 주의를 줘야겠다고 생각했다.

"해성아, 시험장에서 영상은 찍지 않는 게 좋겠어."

"앗! 너는 전교 부회장 노지민 님?"

"애들한테 허락도 받지 않고 막 찍으면 안 되잖아. 초상권이란 게 있는데."

"히히, 지금은 내 얼굴만 찍었습니다요. 그리고 얼굴이 나온 친구들은 편집으로 가릴 거랍니다요."

"그런데 너 말투 특이하다. 원래 그래?"

"유튜브용 말투가 습관이 돼서 그렇습니다요."

"그렇구나. 하여튼 다른 애들이 불편하지 않게 조심해 줘."

"히히, 알았습니다요."

그때 선생님 한 분이 소강당의 단상 위로 올라왔다. 키가 크고 종잇장처럼 마른 분이었다. 특이하게도 앞뒤로 챙이 달리고 양쪽의 귀덮개를 위로 올려 묶은 모자를 쓰고 있었다. 꼭 명탐정 셜록 홈스가 쓰는 모자 같았다.

"아아, 마이크 테스트! 아아! 여러분, 곧 선발 시험이 시작되니 다들 자리에 앉으세요."

지민이와 해성이는 각자 빈자리를 찾아 앉았다. 학생들이 모두 자리에 앉자 단상 위의 선생님이 다시 입을 열었다.

"안녕하세요, 여러분! 저는 국일초등학교 최국일 선생님입니다. 이번 5학년 과학 추리반 선발 시험의 감독을 맡았습니다."

신기하게도 학교와 이름이 똑같았다.

"올해 국일초등학교는 교육청 지정 창의융합학교로 선정되었습니다. 그래서 5학년 동아리 중에서 과학 영재반을 과학 추리반으로 바꿔 시험적으로 운영해 보기로 했습니다. 단순히 과학 지식을 배우기보다는 과학적 사고력과 창의력을 키우기 위해서입니다. 단, 6학년은 중학교 진학 준비에 집중하면서 예년과 똑같이 과학 영재반으로 운영됩니다."

맨 앞에 앉은 여자아이가 손을 들었다.

"과학 영재반과 과학 추리반이 많이 다른가요? 저희 엄마는 과학 영재반이 이름만 바뀌는 거라고 하셨는데요."

"사실 크게 다르지는 않습니다. 과학 추리반도 과학 영재반과 똑같이 과학 지식을 주로 배우고 생활기록부에 기록됩니다. 다만, 과학 추리반은 과학 영재반보다 과학 지식을 바탕으로 한 창의력과 융합적 사고력에 중점을 두고자 합니다."

아이들의 표정이 오묘해졌다. 지민이를 비롯해 소강당에 모인 아이들은 대부분 생활기록부에 기록되는 것이 목적이었다. 초등학교 과학 영재반 수료 기록이 중학교 영재반에 들어가는 데 영향을 미치기 때문이다.

최국일 선생님이 주머니에서 작은 플라스틱 카드를 꺼냈다. 얼핏 어른들의 주민등록증과 비슷해 보였다.

"이건 제 탐정 자격증입니다."

그 말에 아이들이 술렁거렸다. 학교 선생님이 셜록 홈스 같은 탐정이라니! 지민이는 탐정이라는 말에 깜짝 놀랐지만, 동시에 과학 추리반 활동에 대한 기대가 마구 샘솟았다.

"저는 추리야말로 종합적인 사고력을 키우는 데 가장 중요한 활동이라고 생각합니다. 정확하고 훌륭한 추리를 하려면 관찰력, 분석력, 기억력, 상상력, 논리력, 창의력이 모두 필요하기 때문이지요. 이런 이유로, 과학 추리반은 기본적인 추리력을 갖춘 학생을 선발할 예정입니다. 자, 그럼 지금부터 과학 추리반 선발 시험을 시작하겠습니다."

선생님이 리모컨을 들고 천장을 향해 꾹 눌렀다. 그러자 천장에 달린 빔프로젝터에 불이 들어오면서 선생님 뒤쪽 스크린에 컴퓨터 화면이 나타났다.

"첫 번째 문제입니다. 알파벳 여섯 자로 이루어진 영어 단어를 찾으면 됩니다."

추리력은 관찰력에서 시작됩니다. 다음 알파벳을 보고 연상되는 영어 단어를 추리하세요. 여섯 자로 된 단어입니다.

OTTFFSSENT

문제를 본 아이들은 당황하여 웅성댔다.

"쉿! 모두 조용히 해 주세요. 지금부터 말을 하는 학생은 커닝한 것으로 간주하겠습니다. 도우미 선생님들이 나와서 도와주세요."

최국일 선생님의 말이 떨어지자 선생님 몇 분이 아이들 사이로 들어왔다. 중간중간 서서 아이들이 서로 의논하지 못하게 매의 눈으로 지켜보았다. 아이들은 입을 꾹 다문 채 문제를 풀기 위해 머리를 싸매고 끙끙댔다.

그때 생머리를 길게 늘어뜨리고 하얀 머리띠를 한 여자아이가 일어섰다. 김승아였다. 소문에 따르면 아이큐가 150이 넘는데다 영재원 출신이라고 했다.

"선생님, 다 풀었어요."

"대단하구나. 앞으로 나와서 이 종이에 정답을 적으렴. 정답이 맞으면 도우미 선생님이 다음 장소로 안내할 거야."

최국일 선생님은 흡족하게 웃으며 다른 아이들을 돌아보았다.

"아참, 이번 문제의 제한 시간은 20분입니다. 20분 안에 정답을 맞혀 주세요."

최국일 선생님이 마우스를 클릭하자 화면에 커다란 타이머가 나타났다. 눈앞에서 째깍째깍 줄어드는 시간에 지민이는 마음이 급해졌다.

한편 승아는 가방을 챙겨서 단상 위로 올라갔다. 최국일 선생님이 준 펜과 종이를 받아 뭔가를 쓴 다음 선생님에게 보여 주었다. 종이를 확인한 최국일 선생님은 마이크를 잡고 외쳤다.

"정답입니다! 이렇게 빨리 정답이 나오다니 대단해요. 여러분도 할 수 있습니다. 모두 힘내세요!"

승아는 도우미 선생님과 함께 소강당 밖으로 나갔다. 얼마 지나지 않아 곱슬머리 남자아이 하나도 일어섰다. 작년 과학 영재반에서 항상 1등을 하던 이용빈이었다. 용빈이도 정답을 맞혔는지 도우미 선생님을 따라 소강당을 빠져나갔다.

지민이는 초조해서 식은땀이 났다.

"으으……. 집중하자, 집중! 할 수 있다, 노지민."

첫 번째 문제부터 못 풀어 선발 시험에 떨어질까 봐 더럭 겁이 났다.

"오, 티, 티, 에프, 에프, 에스, 에스, 이, 엔, 티……. 여기에 무슨 규칙이 있지? 설마 규칙이 없으니까 혼란, 혼돈? 그럼 영어로 카오스?"

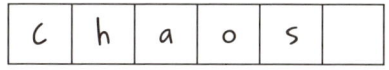

하지만 다시 생각해 보니 틀렸다. 카오스의 알파벳은 여섯 자

가 아닌 다섯 자였다.

"선생님, 여기 답이요!"

"정답!"

지민이가 초조해하는 동안 정답을 맞히는 아이들이 하나둘 늘어났다. 속속 소강당을 나가는 아이들 때문에 지민이는 자꾸만 집중력이 흐트러졌다. 남은 시간은 겨우 5분. 소강당에는 이제 절반가량의 아이들만 남아 있었다.

'아이들 절반이 맞혔다면 어렵지 않은 문제가 분명한데.'

지민이는 숨을 크게 들이마시고 다시 문제를 살펴봤다.

추리력은 관찰력에서 시작됩니다.

'이 문제에서 중요한 건 관찰력이야. 알파벳을 다시 관찰해 보자.'

OTTFFSSENT

지민이는 알파벳을 하나씩 세었다. 하나, 둘, 셋……. 총 열 자였다. 그런데 잠깐! 하나, 둘, 셋? 지민이 머릿속에 전등이 번쩍 켜졌다.

이제 시간은 2분밖에 남지 않았다. 지민이는 서둘러 가방을 들고 앞으로 나갔다. 간발의 차이로 현보가 지민이를 앞섰다. 현보는 순조롭게 정답을 맞히고 소강당 밖으로 나갔다. 이제 지민이 차례였다. 지민이는 종이에 또박또박 답을 적었다.

| N | u | m | b | e | r |

'알파벳 열 자는 숫자가 분명해. 1에서 10까지 영어로 쓰고, 첫 번째 알파벳만 따서 보면……'.

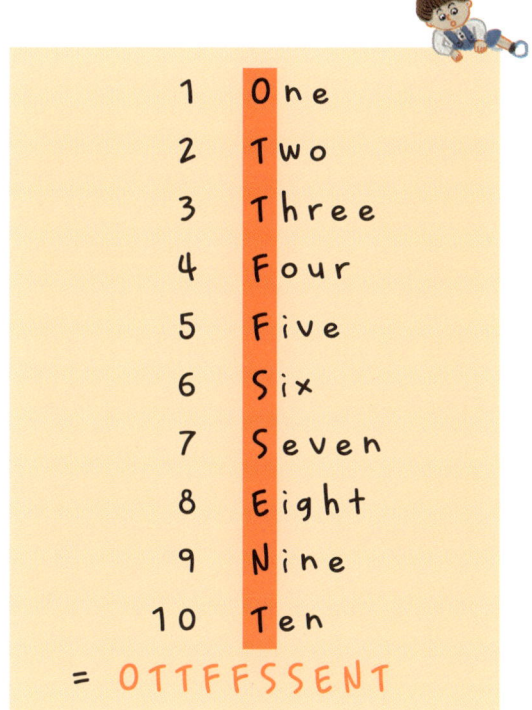

1 One
2 Two
3 Three
4 Four
5 Five
6 Six
7 Seven
8 Eight
9 Nine
10 Ten
= OTTFFSSENT

'그러니까 숫자를 뜻하는 Number가 정답이지.'

최국일 선생님은 답을 확인하고 지민이를 잠시 장난스런 표정으로 쳐다보더니, 빙그레 웃었다.

"네가 마지막 통과자구나. 정답이란다."

"휴."

어느새 20분이 지나 있었다. 손에 땀을 쥐게 하던 1차 시험이 드디어 끝났다.

지민이는 도우미 선생님을 따라 과학실로 갔다. 과학실에는 먼저 온 아이들이 두 명씩 짝을 지어 앉아 있었다. 아이들 앞에는 비커와 스포이트, 전자저울 등 과학 실험 기구가 놓여 있었다. 두리번거리며 빈 자리를 찾던 지민이는 혼자 앉은 현보 옆으로 가서 앉았다.

"어? 전교 부회장."

"내 이름은 지민이야. 노지민."

"그래, 노지민 전교 부회장."

"전교 부회장은 빼고."

"그래, 노지민."

과학실에는 지민이와 현보를 포함해 총 열두 명이 있었다. 1등으로 문제를 푼 김승아와 작년 과학 영재반 아이들 사이에는 의외의 얼굴도 있었다. 바로 유튜버 문해성이었다.

'다른 애들은 몰라도 내가 문해성은 이길 수 있겠지. 물론 옆에 앉은 현보도…….'

지민이는 애써 조바심을 가라앉혔다.

 ## 국일쌤의 탐정 노트

드디어 오늘 과학 추리반 선발 시험이 열린다. 어떤 아이들이 뽑힐까?
나 최국일과 함께하는 과학 추리반은 단순히 과학 지식만 많이 아는 것보다는 관찰하고, 추리하고, 응용하는 종합 과학적 사고력이 중요하니, 한번 잘 살펴봐야겠군!
과학적으로 탐구하고 문제를 추리하기 위해서는 어떤 자세가 필요한지 알아볼까?

과학자처럼 생각하기

과학자처럼 생각하기 위해서는 다양한 탐구 방법을 활용해야 합니다. 어떤 방법들이 있는지 알아볼까요?

- **관찰하기**: 여러 가지 감각 기관을 사용하여 탐구 대상을 살펴보는 것.
  눈, 코, 입, 귀, 피부 등 감각 기관을 사용하거나 돋보기와 현미경 같은 관찰 도구를 사용할 수 있어요.
- **측정하기**: 탐구 대상을 알맞은 도구로 올바르게 재는 것.
  길이를 측정할 때는 자를, 무게를 측정할 때는 저울을, 온도를 측정할 때는 온도계를 이용할 수 있지요.
- **예상하기**: 이미 측정한 값을 활용하여 측정하지 않은 값을 추정하는 것.

예)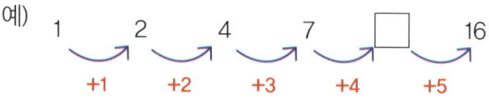

숫자가 증가하는 규칙을 잘 관찰하면, 네모 칸에 들어가는 숫자가 11이라는 것을 예상할 수 있어요.
- **분류하기**: 탐구 대상의 공통점과 차이점을 바탕으로 기준을 세워 나누는 것.
  물질을 분류할 때 여러 기준으로 나눌 수 있지만, 누가 분류하더라도 같은 기준에서는 같은 값이 나와야 과학적 분류라고 할 수 있어요.
예) 주사위, 얼음, 주스, 빗물의 분류

물질의 성질	식용 가능 여부
고체: 주사위, 얼음	먹을 수 있다: 얼음, 주스
액체: 주스, 빗물	먹을 수 없다: 주사위, 빗물

- **추리하기:** 관찰 결과와 경험 등에 비추어 무슨 일이 일어났는지 생각하는 것.
  예) 달걀을 높은 온도의 프라이팬에 깨트리면 익는다.
  → 한여름의 뜨거운 아스팔트 위에 달걀을 깨트리면 익을 것이다.
- **소통하기:** 내 생각을 타당한 근거와 정확한 용어를 사용해 타인에게 알기 쉽게 전달하는 것.
  내 의견과 생각을 상대방에게 이해시키려면 정확한 근거를 바탕으로 명확하게 설명하는 것이 좋겠지요?

함께 생각해 봐요!

다음 표에서 '있다!'에는 공통으로 있고, '없다!'에는 없는 것은 무엇일까요?

있다!	없다!
장구	북
애	어른
공부	놀이
사슴	늑대
바퀴	타이어

정답
여러분 찾았나요? 정답은 '벌레'입니다. 잘 관찰하고 추리해 보니 '있다!' 쪽은 모두 벌레 이름이었죠? 장구벌레, 애벌레, 공붓벌레, 사슴벌레, 바퀴벌레! 그리고 '없다' 쪽은 벌레가 아니고요. 북벌레, 어른벌레라는 말은 없으니까요.

2장

탐정에게는 아지트가 필요해

동아리실, 꼭 차지하고 말겠어!

잠시 뒤, 최국일 선생님이 도우미 선생님 한 분과 함께 들어왔다.

"1차 시험 통과를 축하합니다. 여기 김미지 선생님은 최종 시험까지 저와 함께해 주실 심사위원이십니다. 선생님, 인사 부탁드립니다."

"최국일 선생님을 도와서 과학 추리반 선발 시험이 공정하게 치러질 수 있도록 최선을 다하겠습니다."

짝짝짝! 아이들은 손뼉을 치며 김미지 선생님에게 화답했다. 최국일 선생님이 말을 이었다.

"지금부터 2차 시험은 팀으로 치를 예정입니다. 1차 시험 통과자는 열두 명으로 두 명씩 한 팀, 총 여섯 팀이 2차 시험에 도전 중인데요. 그 가운데 두 팀만 최종적으로 선발되고, 나머지 네 팀은 아쉽지만 탈락입니다."

탈락이라는 말에 아이들은 하나같이 표정이 굳어졌다. 최국일 선생님은 손가락 하나를 펴서 들고 눈앞에서 흔들며 힘주어 말했다.

"2차 시험을 통과한 최종 합격자들에게는 굉장한 특권이 있습니다. 바로, 과학실 옆에 있는 준비실을 동아리실로 쓸 수 있습니다!"

한 아이가 손을 번쩍 들었다.

"동아리실이 있으면 뭐가 좋은데요?"

"들어는 보셨나, 빵빵한 와이파이."

최국일 선생님이 장난스러운 표정을 지으며 과장되게 말했다.

"우아!"

아이들은 눈을 동그랗게 뜨고 탄성을 질렀다.

"그뿐만이 아닙니다. 동아리실에는 안락한 소파가 있어서 편안하게 앉아 쉴 수 있고, 작은 냉장고도 있습니다. 여름에 체육 시간이 끝나고 동아리실에서 시원한 물을 마실 수 있다는 말씀! 게다가 뜨거운 물이 나오는 정수기가 있으니 컵라면도 먹을 수 있죠."

"열심히 해야지. 반드시 과학 추리반에 들어가서 컵라면을 먹겠어!"

현보는 입맛을 다시며 열의를 불태웠다. 그러고는 지민이를 쓱 돌아보았다.

"노지민, 우리 같은 팀 할래? 이렇게 옆자리에 앉은 것도 인연인데."

지민이가 대답할 틈도 없이 최국일 선생님이 크게 외쳤다.

"자, 지금부터 두 명씩 짝지어 팀을 만들어 봅시다. 시~작!"

선생님 얘기가 끝나자마자 해성이가 목소리를 높였다.

"오! 헬로해성님들, 드디어 과학 추리반 2차 선발 시험이 시작되었습니다요. 이번 시험으로 최종 합격자가 가려지니 사실상 결승전입니다요. 두 팀은 천국, 네 팀은 지옥! 캬, 과연 어느 팀이 천국에 가게 될지 궁금합니다요."

해성이는 액션캠을 들고 주위를 둘러보다가 현보와 눈이 딱 마주쳤다.

"오! 현보 님. 과학 추리반에 들어가겠다는 의지를 한번 말씀해 주시겠습니까요?"

현보가 통통한 손으로 가슴을 탕탕 쳤다.

"동아리실, 컵라면! 기다려라, 내가 간다!"

"오, 아주 마음에 듭니다요. 나랑 같은 팀을 하겠습니까요?"

"아, 잠깐만. 내가 노지민한테 먼저 물어봤거든."

현보가 다시 지민이를 보았다.

"노지민, 어떻게 할래?"

'으악! 나한테 묻지 말고 그냥 해성이랑 같은 팀 하라고.'

지민이는 속으로 엑스 자를 크게 그렸다. 조심스럽게 거절하려는데 갑자기 깐족대는 목소리가 끼어들었다.

"너희끼리 팀 하면 볼만하겠네. 히히!"

목소리의 주인공은 작년 과학 영재반에서 본 윤라후였다. 라후는 과학 좀 잘한답시고 잘난 척이 생활화된 아이였다. 그 옆에는 이용빈이 있었다.

"그냥 내버려 둬. 쟤네 떨어지면 우리야 경쟁자 줄고 좋지 뭐."

"뭐야, 용빈이 너 설마 얘네가 우리 경쟁자라고 생각해?"

"하긴 수준이 안 맞기는 하지."

라후와 용빈이가 킥킥대며 현보와 지민이를 비웃었다. 지민이는 화가 머리끝까지 났다. 저렇게 예의 없는 애들은 실력으로 본때를 보여 줘야 해.

"현보야, 너 잘할 수 있지? 나랑 같이 쟤들 코를 납작하게 눌러 주자."

현보가 고개를 끄덕이며 손을 내밀었다.

"당연하지! 나만 믿으라고."

지민이는 현보의 손을 꽉 잡았다.

"좋아! 지금부터 우리는 한 팀이야."

둘은 서로 손을 굳게 맞잡고 필승의 각오를 다졌다.

"어라, 지금 둘이 같은 팀이 됐습니다요? 그럼 나는 어떻게 되는 겁니까요?"

옆에 서 있던 해성이가 액션캠을 들고 물었다. 현보가 해성이를 향해 말했다.

"해성아, 미안. 보다시피 난 노지민이랑 같은 팀 하기로 했어."

그때 최국일 선생님이 크게 외쳤다.

"이제 거의 팀이 만들어진 것 같습니다. 혹시 아직도 팀을 만들지 못한 학생이 있다면 손을 들어 보세요."

"저요, 저 아직 팀 못 짰습니다요!"

해성이가 손을 번쩍 들었다. 다른 아이 몇 명도 손을 들었지만 가까이 있는 아이들끼리 금방 팀을 만들더니 손을 내렸다. 이제 남은 사람은 해성이뿐이었다.
최국일 선생님이 고개를 갸웃했다.

"남은 학생이 한 명이라고요? 그럴 리가 없는데……. 팀 못 만든 사람 한 명 더 있죠? 누군가요?"

그때 창가 쪽에 앉은 여자아이가 슬그머니 손을 들었다. 바로 승아였다. 최국일 선생님이 승아를 보고 말했다.

"두 사람만 남았으니 자동으로 같은 팀이 되는 겁니다."

그러자 해성이가 갑자기 액션캠에 대고 호들갑을 떨었다.

"대박! 헬로해성님들, 제가 아이큐 150 영재원 출신 김승아 님과 한 팀이 되었습니다요. 전 지금부터 김승아 님만 꽉 믿고 갑니다요."

승아가 뒤를 휙 돌아보았다. 아주 못마땅한 표정이었다. 해성이는 그걸 못 본 채 신이 나서 현보에게 액션캠을 들이댔다.

"그럼 전교 부회장 노지민 님과 장현보 님도 열심히 해 주세요."

"그래, 우리 다 합격해서 동아리실에서 만나자."

현보가 넉살 좋게 웃으며 대답했다. 하지만 지민이는 섣불리 웃을 수 없었다. 라후와 용빈이에게 화가 나서 현보와 같은 팀을 하겠다고 했지만, 섣부른 결정은 아니었는지 걱정이 되었다.

'아냐, 현보랑 힘을 합쳐서 잘하면 돼. 쓸데없는 생각 하지 말자.'

지민이는 마음을 다잡으며 앞을 보았다.

"자, 이제 기다리고 기다리던 2차 시험을 시작하겠습니다!"
최국일 선생님이 과학실의 전자 칠판에 다음과 같이 썼다.

농도 10% 소금물을 만드세요.

"모두 집중하세요! 2차 시험은 소금물의 농도와 관련된 문제입니다. 여러분은 아직 수업 시간에 용해와 용액을 배우지 않았죠?"

당혹스러운 표정을 짓는 아이들 사이로 용빈이가 손을 들었다.
"선생님, 저는 학원에서 배웠는데요."
"그래? 그럼 한번 설명해 볼래?"

"네! 용액은 두 가지 물질이 섞인 혼합물입니다. 예를 들면 물에 소금이 녹은 소금물이 있죠. 이때 고체인 소금은 용질이고 액체인 물은 용매, 그리고 소금물은 용액입니다. 이처럼 어떤 물질이 다른 물질과 골고루 섞이는 현상을 용해라고 합니다."

용빈이가 자신 있게 대답했다.

"아주 정확해. 잘 설명해 줬구나."

최국일 선생님이 고개를 끄덕이고는 전자 칠판을 터치했다.

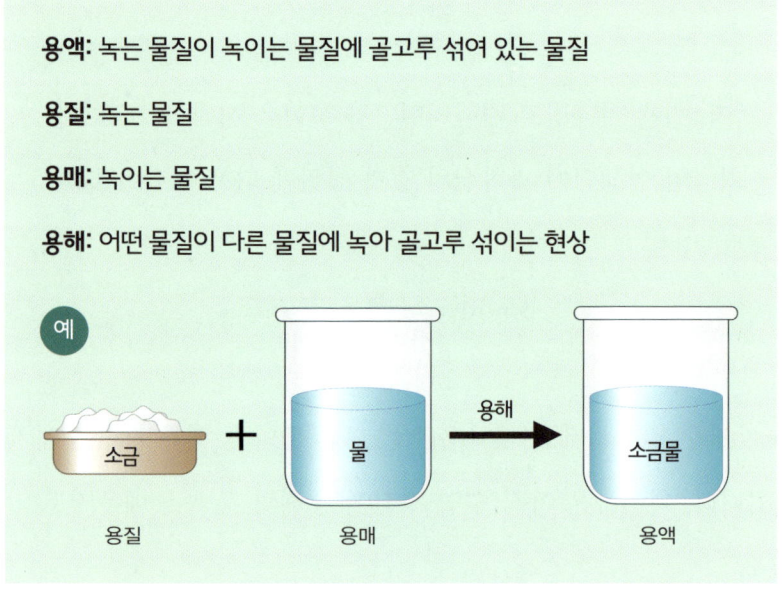

"보다시피 아주 잘 설명했습니다. 하지만 과학은 지식이 전부가 아닙니다. 자신이 알고 있는 지식을 실제로 적용할 수 있어야 하죠. 지금부터 여러분은 앞에 놓인 과학 실험 기구를 이용해 소금물을 만들 겁니다. 소금물의 농도를 맞추는 방법은 다음과 같습니다."

최국일 선생님이 전자 칠판에 수학 공식 하나를 띄웠다.

$$\text{소금물의 농도(\%)} = \frac{\text{소금의 양}}{\text{소금물의 양}} \times 100$$

"이 공식을 참고해서 농도 10% 소금물을 만들면 됩니다. 다 만들면 손을 드세요. 소금물을 만들어야 다음 문제를 받을 수 있습니다. 이번에도 제한 시간은 20분입니다. 20분 안에 농도 10% 소금물을 만들고 최종 문제까지 풀어야 합니다. 그럼 시작하세요!"

드디어 2차 시험이 시작되었다. 아이들은 저마다의 방법으로 소금물 만들기에 도전했다. 최국일 선생님과 김미지 선생님은 아이들 사이를 돌아다니며 소금물 만드는 모습을 관찰했다.

"현보야. 우리도 시작하자."

마음이 급한 지민이가 현보를 재촉했다.

"100g의 물에 소금 10g을 녹이면 돼. 그럼 농도 10% 소금물을 만들 수 있어."

현보가 고개를 갸우뚱했다.

"노지민, 나 진짜 궁금해서 묻는 건데 말이야. 네 말대로 물 100g에 소금 10g을 넣으면 소금물은 110g이 되지 않아?"

윽, 지민이는 허를 찔린 기분이었다. 현보가 노트를 꺼내더니 다음과 같이 썼다.

$$\frac{10}{110} \times 100 = 9.090909\cdots\cdots \%$$

"물 100g에 소금 10g을 넣으면 소금물은 110g이고, 농도는 약 9.09%가 돼."

"······. 소금은 물에 녹으면 안 보이는데."

"에이, 눈에 안 보인다고 없는 건 아니잖아. 소금물을 먹으면 짠걸. 눈에는 안 보여도 물속에 소금이 들어 있다는 증거지."

"끙."

아무리 생각해 봐도 현보의 말이 맞았다. 눈에 보이지 않아도 소금물 속에는 소금이 분명히 들어 있다. 그러니까 짜지. 소금이 없으면 짤 리도 없다.

그때 한 팀이 손을 들었다. 벌써 소금물 농도 10%를 맞춘 모양이었다. 최국일 선생님이 소금물을 확인하고 인쇄된 종이를 한 장 건넸다.

"네 말이 맞아. 내가 실수할 뻔했어."

지민이가 고개를 푹 숙였다. 현보는 씩 웃으며 지민이의 어깨를 두드렸다.

"괜찮아. 함께 과학적으로 생각하면 답을 찾을 수 있어."

현보가 노트에 새롭게 적은 공식을 보여 주며 말했다.

$$10\% = \frac{\text{소금의 양}(10g)}{\text{소금물의 양}(100g)} \times 100$$

"이 공식이 맞으려면 물 100g이 아니라 소금물 100g이어야 해. 그러니까 소금 10g을 녹일 물의 양을 정확히 알아내야 해."

순간, 지민이는 정신이 번쩍 들었다.

"알았어! 소금물의 양은 소금과 물의 양을 더한 값이니까 소금물 100g에서 소금 10g을 빼면 돼. 90! 물의 양은 90g이어야 해!"

"오, 진짜. 그럼 이제 소금물만 만들면 되겠다."

현보는 신이 나서 저울에 비커를 올리고 대뜸 소금을 부으려고 했다. 그러자 지민이가 기겁하며 말렸다.

"잠깐! 비커 무게를 빼야지."

지민이는 비커를 저울에 올린 채 영점을 맞추었다. 그러자 저울의 디스플레이 화면에 표시된 178g이라는 숫자가 0g으로 바뀌었다.

"선생님, 저희 다 했어요!"

옆 팀에서 들려오는 목소리에 지민이와 현보의 마음이 급해졌다.

"소금이 굵어서 다 녹이기엔 시간이 부족한데……. 어떡하지?"

"소금을 잘게 빻아서 녹이면 더 빨리 녹지 않을까?"

"잘게? 알았어. 해 보자!"

현보가 소금을 종이에 싸서 숟가락으로 조금씩 힘을 줘가며 잘게 부수기 시작했다.

"현보야 이제 된 것 같아. 소금을 조금씩 넣어 줘!"

현보는 약숟가락으로 하얀 소금을 비커 안에 조금씩 넣었다. 숫자가 조금씩 늘어나 곧 10g이 되었다.

"휴, 됐다. 이제 조심해서 물을 부어 줘."

"알았어."

현보가 조심조심 물을 부었다. 그러다가 디스플레이 화면에 100g이라고 뜨자 지민이가 다급히 외쳤다.

"정확히 100g이야! 소금을 저어서 모두 녹여야 해."

지민이가 유리막대로 비커에 담긴 용액을 휘휘 저었다. 비커 바닥에 가라앉아 있던 하얀 소금 알갱이가 소용돌이와 함께 점점 작아지다가 투명해지며 사라졌다. 마침내 소금이 모두 녹은 것이다.

"다 됐다. 현보야, 농도 10% 소금물 완성이야!"

"좋아, 이번에는 정답인 것 같군. 전교 부회, 아니 노지민."

"지민이라고 불러."

"그래, 지민아."

지민이와 현보는 사이좋게 손을 들었다. 최국일 선생님이 보고 다가왔다.

"소금물을 만든 과정을 설명해 볼래?"

지민이는 현보와 함께 소금물 만든 방법을 순서대로 설명했다. 최국일 선생님은 고개를 끄덕이고 비커를 들어 보았다.

"소금이 하나도 남지 않았구나. 다 녹이지 못한 팀도 있었는데 너희는 정확히 잘했네. 여기, 다음 문제다. 끝까지 건투를 빈다."

"고맙습니다!"

지민이와 현보는 입 모아 인사하고 얼른 문제지를 받았다.

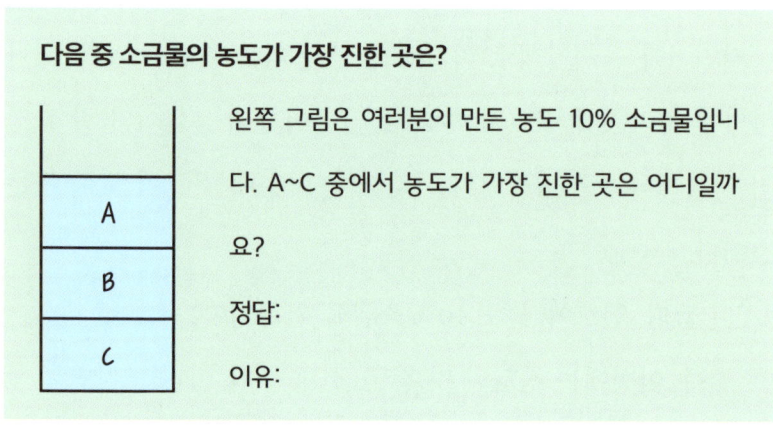

"일단 맛을 볼게."

현보는 방금 만든 소금물 가장 아랫부분까지 스포이트를 집어넣어서 물을 조금 빨아들이고 꺼냈다.

"이건 C 부분에서 빼낸 소금물."

현보는 스포이트를 잡고 손가락 끝에 소금물을 조금 떨어뜨린 다음 입에 넣었다.

"적당히 짭짤하네."

다음은 B 부분, 마지막으로 A 부분까지 소금물을 맛본 현보는 아리송한 표정이었다.

"똑같이 짜. 어디가 더 짜고 덜 짜지 않고 A부터 C까지 맛이 똑같아."

"뭐라고? 진짜?"

"당연하지. 내 혀는 초미각이라고."

지민이는 아까 최국일 선생님이 보여 준 전자 칠판의 내용을 떠올렸다.

'용액은 두 가지 이상의 물질이 골고루 섞인 혼합물.'

그제야 지민이는 깨달았다. 얼핏 이 문제는 A, B, C 가운데 하

나를 고르는 객관식 같아 보였다. 하지만 그렇게 보일 뿐이지 사실 이 문제는 주관식이었다. 과연 정답이 A, B, C 가운데 한 개뿐일까?

"현보야, 네 초미각 혀를 믿을게. 정답은 'A, B, C는 농도가 똑같다'라고 쓰겠어. 이유는 '소금물은 소금과 물이 고르게 섞인 혼합물이기 때문이다'라고 쓸 건데, 어때?"

"좋아, 그렇게 해."

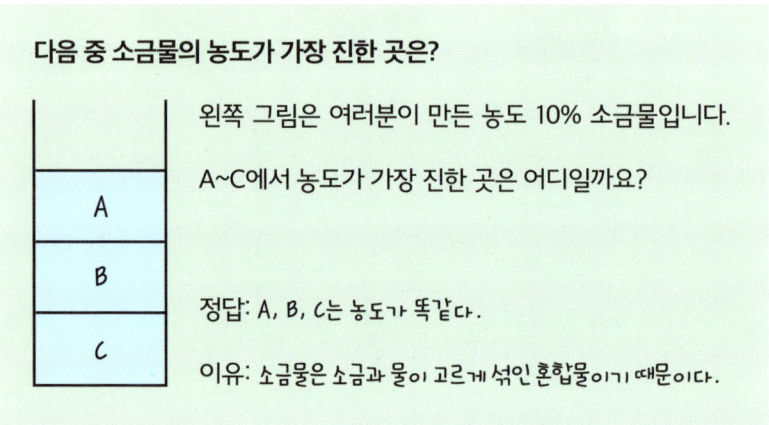

지민이는 정답과 이유를 또박또박 썼다. 때마침 제한 시간이 끝났다는 알림음이 울렸다. 최국일 선생님과 김미지 선생님이 교실을 돌면서 답안지를 걷어 갔다.

"모두 애썼습니다. 김미지 선생님과 채점을 마치는 대로 과학 추리반 최종 합격자를 발표하겠습니다. 그동안 서로 자유롭게 이야기를 나누어도 좋습니다."

최국일 선생님과 김미지 선생님은 곧바로 답안지를 채점하기 시작했다. 아이들은 수런수런 서로 정답을 말했다. 가장 아래쪽 C를 썼다는 팀이 많았다.

잠시 뒤, 최국일 선생님이 일어났다.

"먼저 정답부터 발표하겠습니다."

선생님은 진지한 표정으로 아이들을 둘러보았다.

"정답은 'A, B, C는 농도가 똑같다'입니다. 그 이유는 소금물이 균일 혼합물이기 때문입니다. 균일 혼합물은 어느 부분이나 농도가 같습니다."

정답을 틀린 몇몇은 잔뜩 실망한 표정으로 고개를 숙였다.

"정답을 맞힌 팀이 세 팀이나 돼서 놀랐습니다. 정말 대견하고 감탄스럽습니다만, 아까 말했다시피 최종적으로 선발되는 팀은 두 팀입니다. 그래서 김미지 선생님과 상의하여 최종 합격 팀을 선정했습니다. 바로 노지민과 장현보 팀, 김승아와 문해성 팀입니다."

지민이는 놀라고 기뻐서 눈이 동그래졌다. 현보가 어깨로 지민이를 톡 쳤다.

"앞으로 과학 추리반에서도 잘 부탁해."

"응응, 나도 잘 부탁해."

지민이와 현보가 빙긋 웃으며 훈훈하게 악수할 때였다. 갑자기 용빈이가 날카로운 목소리로 외쳤다.

"선생님, 저희도 정답을 맞혔는데 왜 불합격이죠?"

라후도 용빈이를 따라 불만을 말했다.

"맞아요, 이유도 선생님이 말씀하신 것과 똑같이 썼어요. 게다가 저희가 답안지도 가장 빨리 냈어요!"

최국일 선생님은 고개를 저었다.

"아쉽게도 너희는 정답과 이유를 잘 썼지만 실험 과정에서 실수했더구나."

김미지 선생님도 최국일 선생님을 도와 설명을 보탰다.

"너희 팀이 완성한 소금물은 소금이 다 녹지 않고 밑에 가라앉아 있었어. 그러면 정확히 농도 10% 소금물이라고 할 수 없지."

"김미지 선생님이 말씀하신 대로야. 너희가 불합격한 이유는 실험을 충실히 수행하지 않았기 때문이란다."

그러자 용빈이가 주먹을 불끈 쥐고 발딱 일어났다.

"소금이 좀 남으면 어때요? 정답을 맞혔잖아요. 그리고 저희가 쟤들보다 공부를 훨씬 잘하는걸요. 과학 추리반에는 쟤들보다 공부 잘하는 저희가 더 잘 어울려요!"

라후도 일어나서 따졌다.

"용빈이는 과학 영재반에서 맨날 1등 했고 저랑 과학전람회

나가서 상도 탔어요. 용빈이 말대로 저희가 과학 추리반에 뽑혀야 맞아요."

그러나 선생님들은 끄떡도 하지 않았다. 최국일 선생님은 단호하게 딱 잘라 말했다.

"너희가 잘못 생각하고 있구나. 과학 추리반 선발 시험은 그저 정답만 맞히면 되는 게 아니었어. 과학적으로 사고하고 올바르게 실험해서 정답을 알아내는 전 과정이 시험이었단다. 그러니 실험을 부주의하게 한 너희는 불합격일 수밖에 없지."

"아……, 이럴 수가."

용빈이는 시무룩하게 자리에 앉았다. 라후 역시 끽소리도 못하고 고개를 떨구었다.

"이상 과학 추리반 선발 시험을 마칩니다. 여러분, 끝까지 포기하지 않고 열심히 노력해 주어서 고맙습니다."

최국일 선생님이 선발 시험 종료를 선언하자 불합격한 아이들은 허탈한 표정으로 삼삼오오 자리를 떴다. 그때 해성이가 기다렸다는 듯 액션캠을 들고 지민이와 현보에게 달려왔다.

"합격을 축하드립니다요. 과학 추리반을 함께할 수 있어서 기쁩니다요."

"해성이 너도 축하해."

현보가 웃으며 해성이와 손바닥을 마주쳤다. 하지만 지민이는 현보처럼 순수하게 해성이를 축하할 수 없었다.

"해성아, 혹시나 해서 말하는데 과학 추리반 활동을 장난으로 하지 않으면 좋겠어. 과학 추리반에서 영상을 찍고 싶으면 먼저 물어봐 주고."

"노력하겠습니다요, 전교 부회장님."

"전교 부회장은 빼줘."

"히히, 잘 알았습니다요. 노지민 님."

"그냥 지민이라고 해."

"네네, 지민 님."

해성이는 지민이의 지적을 기분 나쁘지 않게 받아넘겨 주었다. 믿음직스럽지는 못해도 성격 하나는 명랑해서 좋았다.

그런 와중에 지민이는 해성이 뒤에 서 있는 승아와 눈이 마주쳤다. 승아는 쌀쌀맞은 표정으로 지민이를 째려보더니 금세 고개를 홱 돌렸다. 지민이는 괜히 머쓱했다.

그때 최국일 선생님이 아이들을 향해 양팔을 벌리고 외쳤다.

"오, 웰컴 투 과학 추리반! 최종 합격을 축하한다."

현보가 손을 번쩍 들고 물었다.

"선생님, 지금부터 동아리실에서 컵라면을 먹을 수 있나요?"

"동아리실에 들어갈 수만 있다면 내일부터 사용할 수 있단다."

선생님의 대답에 내내 말이 없던 승아가 처음으로 입을 열

었다.

"그게 무슨 말씀이에요? '동아리실에 들어갈 수만 있다면'이라뇨?"

최국일 선생님이 두 손바닥을 마주 비비며 즐겁게 웃었다.

"저런, 너무 조급해하지 말렴. 차차 알게 될 테니까."

 지민이의 과학 노트

현보의 초미각과 나의 합리적 추론으로 과학 추리반 선발 시험 최종 문제를 멋지게 해결! 이용빈과 윤라후의 코도 납작하게 눌러 주고 '용해와 용액'의 개념도 정확하게 배울 수 있는 하루였다. 현보와는 생각보다 좋은 팀이 될 것 같다. 잘난척쟁이 김승아와 괴짜 문해성은 아직 모르겠지만…….

용해와 용액은 무엇일까요?

- **용질**: 녹는 물질
- **용매**: 녹이는 물질
- **용해**: 용질이 용매와 고르게 섞이는 현상
- **용액**: 두 가지 이상의 물질이 균일하게 섞여 있는 것

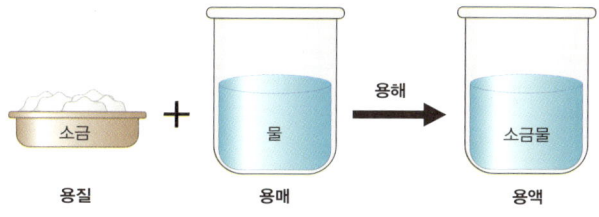

용액의 농도는 어떻게 구할까요?

$$용액(\%) = \frac{용질}{용액(용매+용질)} \times 100$$

$$소금물의 농도(\%) = \frac{소금의 양}{소금물의 양} \times 100$$

물에 녹은 소금은 어디로 갈까요?

소금물 속 소금은 작은 입자로 분해되어 용매인 물 사이로 들어갑니다. 눈에 보이지 않을 뿐 없어진 것이 아니지요! 섞이기 전(용해 전) 소금(용질)과 물(용매) 무게의 합은 섞이고 난 후(용해 후) 소금물 무게와 같아요.

	소금이 물에 용해되기 전	소금이 물에 용해된 후
물질의 형태	소금: 하얀색 고체 물: 무색의 액체	소금물: 무색의 액체
소금과 물의 무게	100g	100g

따라서 특정 농도(예: 20% 농도의 소금물)의 소금물 100g을 만들고 싶다면 다음과 같이 하면 됩니다.

1. 소금물 양(100g)의 20%인 소금의 양(20g)을 계산한다.
2. 소금(20g)을 비커에 넣은 뒤, 물(80g)을 부어 전체 무게인 100g을 맞춘다.
3. 소금을 물에 녹인다.

소금물 농도 공식의 분모인 용액에 이미 용질인 소금의 무게가 포함되어 있기 때문에 이 순서대로 하면 정확한 농도의 소금물을 만들 수 있지요.

소금을 빨리 녹이고 싶다면 어떻게 할까요?

소금을 더 빨리 녹이고 싶다면, 세 가지 방법 중 하나를 이용해 보세요.

1. **젓는 속도를 빠르게 한다.**
   물에 소금을 넣고 가만히 놓아두면 천천히 녹지만, 많이 저어 줄수록 빨리 녹지요.
2. **따뜻한 물을 활용한다.**
   차가운 물보다 따뜻한 물을 사용하면 더 빨리 녹일 수 있어요! 코코아 가루를 차가운 우유에 넣었을 때보다 따뜻한 우유에 넣었을 때 더 잘 녹는 것과 같지요.

3. **작은 입자의 소금을 쓴다.**
   소금 덩어리 대신 고운 소금을 사용해요. 고운 소금이 없다면 소금 덩어리를 잘게 빻아 입자가 작아지게 하면 더 빠르게 녹지요!

   ### 함께 생각해 봐요!

   전 세계 바닷물의 평균 농도는 3.5%다. 그렇다면 바닷물 1,000ml에는 얼마만큼의 소금이 녹아 있을까?

   농도 공식에 주어진 값을 넣어 보면 다음과 같아요.

   $$3.5(\%) = \frac{소금의\ 양}{1000ml} \times 100 \qquad 소금의\ 양 = 35g, \quad (물\ 1ml = 1g)$$

   물 1,000ml는 우리 주변에서 흔히 볼 수 있는 생수 500ml 두 병을 합한 양입니다. 소금 35g은 대략 숟가락으로 가득 두 숟갈 정도의 양이지요. 쉽게 생각하면, 500ml 생수에 소금 한 숟갈을 넣어 녹였을 때의 농도가 바닷물의 농도인 셈이에요. 하지만 3.5%는 평균 농도일 뿐, 지역마다 그리고 날씨와 자연현상에 따라 바닷물의 농도는 달라진답니다.

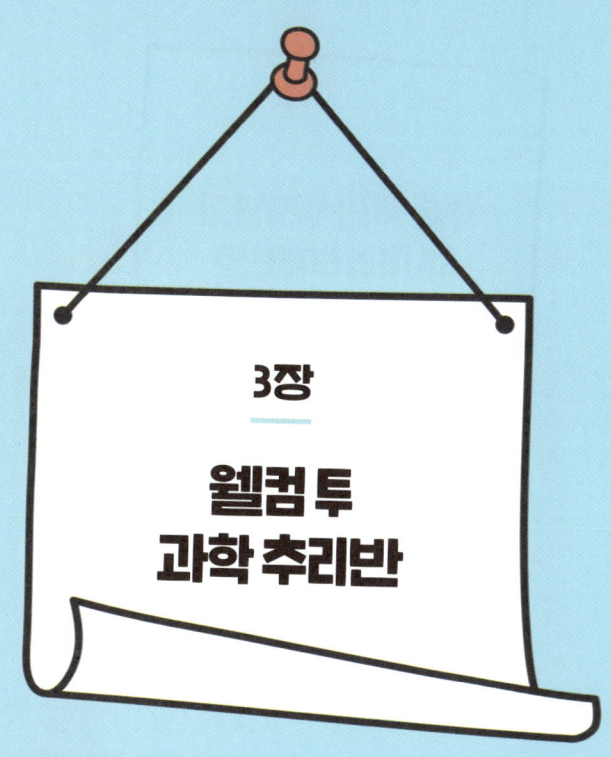

3장

웰컴 투 과학 추리반

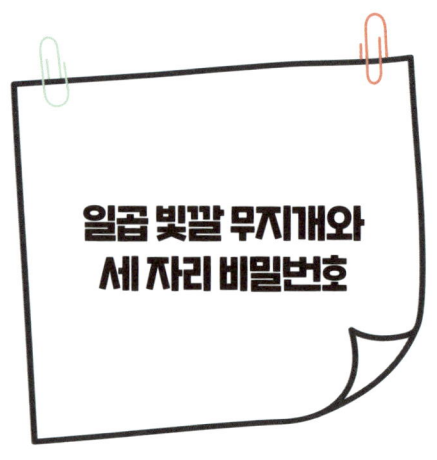

일곱 빛깔 무지개와 세 자리 비밀번호

다음 날, 지민이는 급식을 먹고 동아리실로 갔다. 오후 수업이 시작되기 전에 동아리실을 잠깐 구경할 생각이었다. 현보와 해성이, 승아가 먼저 와 있었는데, 어쩐 일인지 들어가지는 않고 문 앞에 서 있었다.

"어, 지민 님이다요. 안녕하십니까요?"

지민이를 가장 먼저 본 해성이가 인사를 건넸다. 그 옆에서 현보가 부루퉁한 얼굴로 투덜댔다.

"지민아, 이거 좀 봐. 최국일 선생님이 우리를 골탕 먹이려나 봐."

현보가 동아리실 문에 붙은 종이를 가리켰다.

학교 이름과 이름이 같은 선생님

지민이는 최국일 선생님의 생뚱맞은 편지를 읽고 눈살을 찌푸렸다.

"비밀번호를 찾으라고? 이 무지개는 뭔데?"

옆에서 해성이가 무지개 그림 아래 적힌 글자를 소리 내어 읽었다.

"빨주노초파남보, 일이삼사오육칠. 도대체 이게 뭐랍니까요? 암호입니까요?"

해성이는 뒤쪽에 서 있는 승아를 돌아보았다.

"승아 님도 모르겠습니까요?"

승아가 시큰둥하게 대꾸했다.

"세 자리 비밀번호는 1,000가지가 있으니 하나씩 천천히 돌려 보든가?"

"그게 무슨 말입니까요?"

승아가 동아리실 문에 걸린 자물쇠를 가리키며 말했다.

"세 자리 번호 자물쇠야. 한 자리당 들어갈 수 있는 숫자는 0부터 9까지 열 개지. 경우의 수를 생각하면, 각 자리의 숫자 열 개씩 세 번을 곱했을 때 나올 수 있는 비밀번호는 총 1,000가지가 돼."

승아의 설명을 듣던 지민이의 머릿속에 등식이 하나 떠올랐다.

$$10 \times 10 \times 10 = 1,000$$

'세상에, 언제 1,000가지 비밀번호를 다 돌려 봐?'

해성이와 현보도 지민이와 같은 생각이었다. 현보가 머리를 쥐어뜯었다.

"1,000가지라니!"

해성이도 고개를 절레절레 저었다.

"무리입니다요. 너무 많습니다요."

승아가 픽 코웃음을 쳤다.

"1초에 한 가지씩 돌리면 1,000초밖에 안 걸려. 시간으로 따지면 17분이 좀 안 걸리니까 못 할 건 없지."

"그래? 그럼 얼른 돌려 볼까?"

삽시간에 표정이 밝아진 현보가 자물쇠를 돌리기 시작했다. 처음은 000, 다음은 001, 그다음은 002……. 그러나 자물쇠는 좀처럼 열릴 기미가 없었다. 지민이가 현보의 팔을 잡고 말렸다.

"현보야, 그만하자. 너 지금 한 가지 조합을 돌리는 데 5초 걸렸어."

"말 시키지 마. 헷갈리니까."

"어차피 조금 있으면 오후 수업 시작하잖아. 그때까지 다 못 돌린다니까."

그때 뒤에서 웃음기 섞인 목소리가 들렸다.

"호, 과학 추리반 첫 번째 미션에 도전하고 있구나."

돌아보니 어제와 똑같이 셜록 홈스 스타일 모자를 쓴 최국일 선생님이었다. 해성이가 대뜸 불평을 늘어놓았다.

"선생님, 너무하십니다요. 동아리실을 잠가 버리시면 어쩝니까요?"

그러나 선생님은 짐짓 모르는 척 현보를 보았다.

"현보는 뭐 하고 있니?"

"비밀번호를 순서대로 하나씩 돌려 보고 있어요. 허엉, 그냥 알려 주시면 안 돼요?"

"후후, 그건 추리가 아니지. 그리고 하나씩 돌려 보는 방법은 매우 비효율적이야."

 선생님이 현보의 어깨를 가볍게 토닥였다. 미소 띤 얼굴이 상당히 짓궂어 보였다. 선생님은 지민이와 해성이, 승아를 돌아보며 말했다.

 "오후 수업 마치고 과학실에서 보자. 알았지?"

 때마침 수업 시작 5분 전을 알리는 예비종이 울렸다.

 "네……."

 아이들은 바람 빠진 풍선처럼 힘없이 대답하고 각자 교실로 돌아갔다.

파란색을 노란색으로 바꾸는 방법

 지민이는 수업이 끝나자마자 과학실로 갔다. 과학실 실험대 위에는 여러 개의 비커, 스포이트, 정체불명의 용액이 든 작은 갈색 병들이 놓여 있었다. 오늘 과학 추리반의 실험 준비물인 모양이었다. 조금 뒤에 승아와 현보, 해성이가 들어왔고 최국일 선생님도 마지막으로 도착했다.
 "자자, 그럼 첫 수업을 시작해 볼까? 과학 추리반의 영광스러운 첫 수업 내용은 바로 산과 염기야."
 선생님이 실험대로 다가와 갈색 병 하나를 열어서 비커에 따랐다. 순식간에 시큼한 냄새가 팍 올라왔다.
 "으악, 냄새!"
 해성이가 얼굴을 찌푸리며 코를 감싸쥐었다. 그런데 현보는 코를 벌름대더니 입맛을 다셨다.

"식초 냄새를 맡으니까 냉면이 먹고 싶은걸."

"후후, 식초를 듬뿍 넣은 오이냉국도 새콤하니 아주 맛있지."

선생님이 현보 말에 맞장구치며 또 다른 갈색 병을 열고 다른 비커에 따랐다. 현보가 다시 코를 벌름대며 킁킁 냄새를 맡았다.

"비누 냄새가 나요."

"오, 정답! 현보는 정말 개코구나. 역시 과학 추리반에 딱 맞는 인재야."

"헤헤."

칭찬받은 현보가 기쁜 듯 웃었다. 선생님은 두 비커를 나란히 두고 물었다.

"이 두 용액에 어떤 차이점이 있는지 알겠니?"

해성이가 재빨리 대답했다.

"식초는 투명하고 비눗물은 불투명합니다요."

현보도 이어서 대답했다.

"식초는 시큼한 냄새가 나고 비눗물은 비누 냄새가 나요."

지민이도 질세라 대답했다.

"식초는 신맛이 나고 비눗물은 먹으면 안 돼요."

선생님은 흡족한 표정으로 고개를 끄덕였다.

"후후, 그래 맞아. 색깔, 냄새, 맛, 투명한 정도, 끈적이는 정도등으로 용액을 구분할 수 있지. 이렇게 겉으로 보고 쉽게 구분할 수 있는 성질을 '겉보기 성질'이라고 한단다. 단, 간혹 함부로 맛보거나 만지면 위험한 용액도 있으니까 반드시 선생님의 허락을 받고 관찰해야 해. 냄새도 직접 코를 대고 맡으면 안 돼. 조금 떨어져서 손부채로 냄새를 끌어와서 맡아야 해. 그리고 겉보기 성질 말고도 식초와 비눗물은 아주 중요한 차이가 있단다. 그게 과연 뭘까?"

그때까지 팔짱을 끼고 지켜보던 승아가 대답했다.

"선생님이 아까 말씀하신 산과 염기요. 식초는 산성 용액, 비눗물은 염기성 용액이잖아요."

"그렇지! 역시 과학 추리반의 최종 합격자답다."

선생님이 손뼉을 짝 쳤다.

"승아가 말한 대로 용액은 산성과 염기성으로 나눌 수 있단다. 물론 우리가 마시는 물처럼 중성도 있지. 그런데 산성과 염기성은 어떻게 구분할까?"

현보가 자신 있게 나섰다.

"제 귀신 같은 코와 혀로 알 수 있어요!"

그러자 선생님이 단호하게 고개를 저었다.

"아까도 말했다시피 간혹 위험한 용액도 있으니 무턱대고 맛보거나 냄새를 맡으면 안 된단다."

선생님은 다른 병 하나를 집어 들었다.

"BTB 용액이야. 산성이나 중성, 염기성 용액과 닿으면 색이 변하지."

그러면서 스포이트를 사용해 식초가 든 비커에 BTB 용액을 몇 방울 떨어뜨렸다.

"와, 대박입니다요."

"식초가 노란색으로 변했어요!"

해성이와 현보가 호들갑을 떨었다. 지민이도 깜짝 놀라 눈이 동그래졌다.

"비눗물은 어떨까?"

선생님은 비눗물에도 BTB 용액을 똑, 똑 떨어뜨렸다. 순식간에 비눗물이 파란색으로 바뀌었다. 그런 다음에는 물에도 BTB 용액을 떨어뜨렸다. 물은 노란색도 파란색도 아닌 초록색을 띠었다.

"지금 관찰한 대로 BTB 용액은 산성에서 노란색, 염기성에서 파란색, 중성에서 초록색을 띠지. 이처럼 어떤 용액과 닿았을 때 용액의 성질에 따라 다른 변화를 나타내는 물질을 지시약이라고 한단다."

선생님이 장난스러운 웃음을 지었다.

"깜짝 문제! 노란색으로 변한 식초와 파란색으로 변한 비눗

물을 섞으면 어떻게 될까?"

바로 그때 지민이 머릿속에 색의 혼합이 떠올랐다.

'노란색과 파란색을 섞으면 초록색이지!'

"초록색이요!"

"맞아. 지민이가 아주 잘 아네. 역시 과학 추리반이 될 자격이 충분해!"

선생님이 노란색 식초를 파란색 비눗물에 부었다. 정말 지민이가 말한 대로 식초와 비눗물이 섞인 용액이 초록색으로 변했다.

"아하! 알았습니다요. 산성과 염기성이 섞여서 중성이 되었습니다요. 물처럼 중성일 때는 초록색이기 때문입니다요."

"후후, 정확해. 역시 과학 추리반답게 척하면 척이구나!"

선생님은 해성이를 칭찬하고 설명을 덧붙였다.

"보다시피 이처럼 농도가 같은 산성과 염기성 용액을 똑같은 양으로 섞으면 중성이 된단다. 이를 중화반응이라고 하지. 여기서 문제를 하나 더 내 볼까?"

선생님이 파란색 비눗물 비커를 들고 질문했다.

"이 비눗물은 파란색을 띠는 염기성 용액이야. 다른 용액과 섞지 않고 파란색을 노란색으로 바꾸려면 어떻게 해야 할까?"

"……."

아이들은 눈만 끔뻑거릴 뿐 선뜻 입을 열지 못했다.

"문제가 조금 어렵지? 그럼 힌트를 줘야겠구나."

선생님은 사이다 하나를 꺼내 비커에 따랐다. 그리고 스포이트로 BTB 용액을 똑 떨어뜨리자 사이다가 노란색으로 변했다.

"사이다가 지시약과 반응해서 노란색으로 변한 이유는 사이다에 들어 있는 탄산 때문이지. 탄산은 이산화탄소가 물에 녹아서 생기는 약한 산이야. 우리가 느끼는 사이다의 톡 쏘는 맛은 바로 이 탄산에서 온단다."

선생님은 아이들을 보고 빙긋 웃었다.

"이 문제는 숙제로 내 주마. 다 함께 고민해서 다음 과학 추리반 수업까지 정답을 알아 오도록! 당연히 그때까지 동아리실에는 못 들어가겠지? 후후! 이상, 오늘 수업 끝!"

선생님은 아이들을 우르르 몰고 과학실을 나선 뒤 문을 닫았다. 현보가 발뒤꿈치에 힘을 줘서 버텼지만 소용없었다.

"선생님, 동아리실 비밀번호는요?"

"숙제를 해 오기 전에는 어림없지. 잘들 가렴."

선생님은 주저 없이 뒤돌아서 가 버렸다.

"힝."

현보는 미련이 덕지덕지 붙은 얼굴로 동아리실 앞으로 갔다. 아무래도 다시 자물쇠를 돌릴 기세였다. 지민이가 현보를 말리려고 다가가는데, 문득 최국일 선생님의 편지가 떠올랐다.

"해성아! 아까 선생님 편지, 네가 갖고 있지? 이리 줘 봐."

지민이는 얼른 편지를 받아 펼쳤다.

"왜 갑자기 편지를 펼치는 겁니까?"

해성이가 고개를 갸우뚱하며 물었다.

"선생님은 오늘 수업 내용에 힌트가 있다고 하셨어. 오늘 우리는 산과 염기를 배웠고, 지시약을 떨어뜨렸을 때 색깔 변화도 관찰했어."

지민이는 무지개의 양쪽 아래를 손가락으로 짚었다. 왼쪽은 빨주노초파남보 색깔, 오른쪽은 1234567 숫자.

"산성은 노란색, 중성은 초록색, 염기성은 파란색."

눈치 빠른 해성이가 잽싸게 알아차렸다.

"오, 설마입니까요?"

"맞아! 노란색은 5, 초록색은 4, 파란색은 3. 현보야, 비밀번호를 543으로 해 봐!"

"응? 아, 알았어!"

현보가 얼른 자물쇠 비밀번호를 543으로 맞추었다. 하지만 웬걸! 자물쇠는 열리지 않았다.

"지민아, 틀렸어. 안 열려……."

현보가 울상을 지었다. 그러자 해성이가 손뼉을 짝 쳤다.

"알았습니다요, 지민 님. 우리 숙제가 파란색 용액을 노란색으로 바꾸는 방법입니다요."

"아!"

지민이도 그제야 알아차렸다.

"반대야, 반대! 현보야, 345로 해 봐!"

"3, 4, 5!"

현보가 냉큼 대답하고 자물쇠를 돌렸다. 찰칵! 자물쇠가 열렸다!

다음 날, 과학실로 향하던 최국일 선생님은 코를 벌름거렸다.

"웬 라면 냄새지?"

냄새가 나는 곳은 과학실 옆, 바로 과학 추리반 동아리실이었다.

"설마 비밀번호를 풀었다고?"

선생님은 깜짝 놀라 동아리실 문을 벌컥 열었다.

"오, 선생님이다."

"선생님, 안녕하세요?"

"진짜 동아리실 너무 좋아요. 과학 추리반 최고!"

다 함께 컵라면을 먹던 아이들이 너도나도 인사했다.

"어떻게 비밀번호를 풀었니?"

"선생님께서 말씀하신 대로 수업 내용에 힌트가 있던걸요."

지민이가 씩 웃으며 대답했다. 선생님은 놀란 표정으로 두 손을 들었다.

"정말 대단하구나. 이제 동아리실은 진짜 너희 거야. 축하한다."

"와! 신난다."

현보가 양손으로 컵라면을 들어 올리며 환호했다. 그 모습을 본 선생님은 또 짓궂은 미소를 지었다.

"하지만 숙제는 아직 못 했겠지?"

"아, 승아가 풀었어요. 승아야, 선생님께 말씀드려."

지민이가 승아에게 공을 돌리자 승아는 머쓱한 표정을 지었다.

"사실 어제 선생님이 말씀하실 때 전 이미 답을 알고 있었어요. 이산화탄소가 물에 녹으면 탄산이 되고, 탄산은 산성이잖아요. 그럼 다른 용액을 섞지 않고 이산화탄소만 잔뜩 녹이면 산성이 되어서 노란색으로 변한다고 생각했죠."

승아는 컵라면을 열심히 먹는 현보를 돌아보았다.

"하지만 이산화탄소를 어떻게 녹여야 할지 몰랐어요. 계속 고민하는데 지민이가 비밀번호를 알아내서 동아리실에 들어오게 됐죠. 다 같이 현보가 가져온 콜라를 나눠 마시는데, 해성이가 빨대로 숨을 내쉬면서 콜라에 장난을 치지 뭐예요. 그 순간 깨달았어요. 우리가 내쉬는 숨에는 이산화탄소가 많으니까, 빨대로 용액에 입김을 불어 넣으면 되겠다고요."

승아의 설명을 들은 선생님은 입을 떡 벌렸다.

"정말 멋진 추리구나. 아주 훌륭해!"

"현보 덕분이에요. 현보가 빨대를 꺼내지 않았다면 저도 답을 알아내지 못했을걸요."

승아는 쑥스러운 듯 미소 지었다. 선생님은 엄지를 척 들고 외쳤다.

"첫 번째 미션 성공 기념으로 선생님이 오늘 사이다 쏜다!"

"우아, 선생님 최고! 고맙습니다!"

현보의 과학노트

이제 동아리실에서 편하게 컵라면을 먹을 수 있게 됐어! 음식의 소화를 돕는 위액도 산성이라던데……. 방금 먹었는데도 또 배가 고픈 걸 보니, 내 위액은 다른 친구들보다 산성이 강한 게 아닐까?

우리 주변의 산과 염기는 무엇이 있을까요?

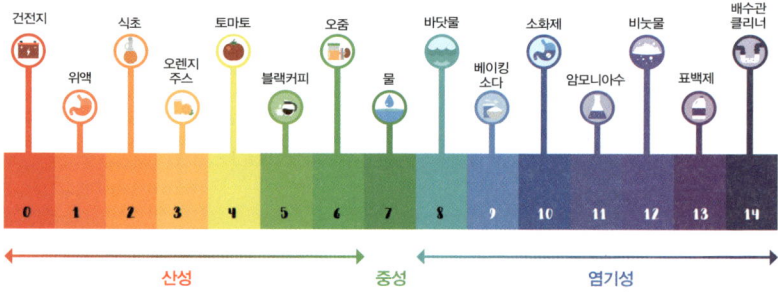

용액은 산의 세기, 즉 산도(pH)에 따라 산성과 중성, 염기성으로 나눌 수 있어요. 산도가 7보다 작으면 산성, 7보다 크면 염기성이지요.

- **산성**: 물에 녹아 수소 이온(H^+)을 내놓는다. 공통으로 신맛을 내는 성질이 있다(예: 식초, 레몬즙).
- **염기성**: 물에 녹아 수산화 이온(OH^-)을 내놓는다. 공통으로 쓴맛을 내거나 미끈미끈한 성질이 있다(예: 비눗물, 세제).
- **중성**: 순수한 물처럼 아무 맛도 나지 않는다.

용액의 액성을 구분하고 싶다면?

외관으로는 용액의 액성을 알아볼 수 없어요. 염산 같은 강산성 물질은 맛을 본다고 입에 넣었다간 큰일 나지요. 용액의 액성을 알고 싶다면, 지시약을 활용하면 된답니다.

- **리트머스 시험지**: 리트머스 시험지는 붉은색과 푸른색 두 가지가 있어요. 리트머스 시험지가 산성 용액에 닿으면 푸른색이 붉은색으로, 염기성 용액에 닿으면 붉은색이 푸른색으로 색 변화가 일어나지요.
- **BTB 용액**: 세 가지 액성의 용액을 모두 알고 싶다면, BTB 용액을 활용해 봐요. 산성에서 노란색, 중성에서 초록색, 염기성에서 파란색으로 변한답니다.

	산성	중성	염기성
리트머스 종이	푸른색 → 붉은색		붉은색 → 푸른색
BTB 용액	노란색	초록색	파란색

함께 만들어 봐요!

양배추 지시약 만들기

자주색 양배추로 집에서도 쉽게 지시약을 만들 수 있어요. 자주색 양배추에는 안토시아닌이라는 색소가 들어 있는데, 용액의 액성에 따라 이 색소의 색이 달라진답니다. 불을 사용해야 하니 안전을 생각해서 반드시 부모님과 같이하세요. 먼저 자주색 양배추를 잘라서 냄비에 넣고 물에 끓여요. 그러면 진한 자주색 용액이 나옵니다. 이것이 양배추 지시약이에요.

이 양배추 지시약을 레몬즙, 식초, 구연산, 베이킹 소다, 세제에 각각 넣으면 액성에 따라 색이 변하지요.

용액	레몬즙	식초	구연산	베이킹 소다	세제
+양배추 지시약	진한 붉은색	붉은색	보라색	초록색	노란색
액성	강한 산성	약한 산성	중성	약한 염기성	강한 염기성

4장

사건 의뢰함이 생기다

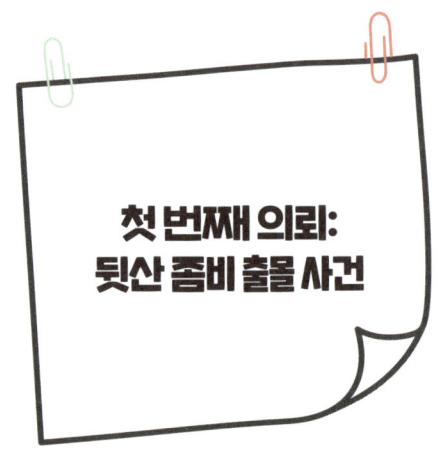

첫 번째 의뢰: 뒷산 좀비 출몰 사건

며칠 뒤, 지민이는 수업을 마치자마자 동아리실로 갔다. 최국일 선생님이 수업 끝나는 대로 동아리실로 모이라고 했기 때문이다.

그런데 동아리실 문 옆에 못 보던 작은 상자가 우편함처럼 달려 있었다. 상자의 겉면에는 '사건 의뢰함'이라고 쓰여 있었다.

"사건 의뢰함?"

지민이는 고개를 갸웃거리며 동아리실로 들어갔다. 현보와 해성이, 승아가 벌써 와 있었다. 현보는 소파에 기대 잠들었고 승아는 창가에서 책을 읽고 있었다. 해성이는 액션캠을 들고 한창 촬영 중이었다.

그때 지민이 뒤로 동아리실 문이 열리고 최국일 선생님이 들어왔다.

"짠, 과학 추리반 여러분 안녕? 사건이 접수됐다!"

"오오, 사건입니까요?"

해성이가 호들갑스레 물었다. 선생님은 두 번 접은 종이를 꺼내 들었다.

"다들 동아리실 문 옆에 달린 사건 의뢰함 봤지? 거기 정식으로 접수된 의뢰란다."

"아, 안 그래도 궁금했어요. 사건 의뢰함이 뭐예요?"

지민이가 눈을 반짝이며 물었다.

"우리 학교에서 일어나는 온갖 수상하고 미심쩍은 사건을 의뢰받으려고 달았단다. 그 가운데 과학 추리가 필요한 사건을 골라서 과학 추리반이 해결할 거야. 과학으로 해결하지 못하는 문제는 없지. 후후."

선생님은 종이를 펴고 헛기침을 했다.

"그럼 지금부터 의뢰 내용을 읽겠다. 참, 지민이는 현보 좀 깨워 줄래?"

"네."

지민이는 세상모르고 잠든 현보를 흔들어 깨웠다.

"음냐 음냐. 만두, 피자, 햄버거······."

현보가 졸린 눈을 끔뻑이며 잠에서 깨어났다. 아무래도 먹는 꿈이었는지 눈에 아쉬움이 그득했다. 선생님은 현보를 한 번 힐끔 보고 사건 의뢰서를 읽기 시작했다.

> 우리 학교에 고양이를 잡아먹는 좀비가 나타났어요.
> 좀비가 불쌍한 고양이를 다 잡아먹기 전에 체포해 주세요!

선생님은 사건 의뢰서 하단을 유심히 보면서 말했다.

"여기 유튜브 이름이 적혀 있구나. 선생님 스마트폰으로 함께 보자."

선생님이 재빠르게 유튜브 동영상을 하나 찾아 재생했다. 아이들은 침을 꼴깍 삼키며 스마트폰 가까이로 모였다.

동영상은 남자아이 두 명이 씩씩하게 인사하는 장면으로 시작됐다.

"안녕하십니까? 형님들! 우리는 국일초등학교 5학년 1반 청수와 준표입니다. 우리 학교 뒷동산에서 밤마다 귀신 소리가 들린다는 소문이 있는데요. 그래서 오늘 밤! 우리가 직접 소문을 확인해 보러 왔습니다."

남자아이들 뒤로 어두컴컴한 학교가 보였다. 불이 다 꺼진 학교는 제법 으스스했다. 둘은 손전등으로 비춰 가며 운동장을 가로질러 뒷동산으로 올랐다.

"으, 좀 무서운데? 진짜 귀신이 나오면 어떡하지?"

"세상에 귀신이 어디 있냐? 하여튼 겁 많다니까."

그때 괴상한 울음소리가 울려 퍼졌다. 동물 울음소리라고 하기에는 너무나도 선명한 아기 울음소리였다. 잔뜩 겁먹은 청수와 준표의 목소리가 덜덜 떨렸다.

"이, 이거 무, 무슨 소리야? 서, 설마 지, 진짜 귀신?"

"처, 청수야. 빠, 빨리 내려가자."

"아, 아냐. 좀 더 가, 가 보자!"

청수는 준표를 억지로 이끌고 뒷동산을 더 올라갔다.

"혀, 형님들. 이, 이 소리 들리시죠? 조, 좀 무섭지만 처, 청수와 준표는 무, 물러서지 않습니다. 지, 진짜 귀신인지 아닌지, 두 눈으로 화, 확인하고 오, 오겠습니다."

남자아이들은 어두운 풀숲을 헤치며 조심조심 나아갔다.

아으으으으으으으앵.

다시 날카롭고 오싹한 울음소리가 울려 퍼졌다.

"처, 청수야. 나 지, 진짜 모, 못 가겠어."

"아, 아냐. 하, 할 수 있어."

"무, 무서워서 꼬, 꼼짝을 못 하겠……! 으악!"

요란한 비명과 함께 화면이 홱 뒤집혔다. 아마 깜짝 놀라서 엉덩방아를 찧은 모양이었다. 준표가 덜덜거리며 말했다.

"저, 저기 봐. 저, 저거 뭐야?"

준표가 가리킨 방향으로 앵글이 향했다. 화면에 어두운 풀숲 저편이 잡혔다. 풀숲 사이로 뭔가가 반짝 빛났다. 청수가 말했다.

"고, 고양이야! 고양이는 어두운 곳에서 눈이 빛나거든."

손전등으로 비추자 풀숲 사이사이 숨은 고양이들이 힐끗힐끗 보였다. 청수는 자기 말대로 고양이가 맞자 의기양양해졌다.

"귀신이 아니라 고양이였어. 우리가 들은 소리도 고양이 울음소리였던 거지. 그러고 보니 짝짓기 철을 맞은 고양이 울음소리는 꼭 아기 울음소리처럼 들린다고 했는데."

하지만 준표는 여전히 무서운지 울먹거리기까지 했다.

"고, 고양이도 무, 무서워. 눈이 너무 마, 많아."

그러고 보니 풀숲 사이에서 빛나는 눈이 한두 개가 아니었다. 쓱 훑어봐도 예닐곱 마리는 되어 보였다.

"많기는 많네."

그때 다시 울음소리가 울렸다. 이번에는 한 마리가 아니라 여러 마리가 떼를 지어 울었다.

아ㅇㅇㅇㅇㅇㅇㅇㅇ앵.

애ㅇㅇㅇㅇㅇㅇㅇ응.

이ㅇㅇㅇㅇㅇㅇㅇ앵.

사방에서 울음소리가 메아리쳤다. 고양이 울음소리라는 걸 알고 들어도 오싹했다.

"하, 하긴 귀신 소리의 정체가 고양이 울음소리라는 사실을 확인했으니까 그만 돌아갈까?"

청수도 슬그머니 발을 돌리려는 찰나, 준표가 비명을 질렀다.

"으악! 청수야, 저기! 저기!"

"왜! 뭐!"

화면이 다급하게 돌아갔다. 손전등이 이리저리 흔들리고 준

표가 째지는 목소리로 소리쳤다.

"저기, 사, 사람!"

화면에 검은 형체가 잡혔다. 어두워서 잘 안 보이지만 확실히 사람 같기는 했다. 그런데 이 야밤에, 학교 뒷동산에, 웬 사람이? 심지어 그 사람은 청수와 준표 쪽으로 다가오고 있었다!

그르르르르르륵.

정체불명의 섬뜩한 소리도 들렸다. 그러고 보니 걷는 모습이 좀 이상했다. 팔을 아래로 축 늘어뜨리고 발을 질질 끌면서 좌

우로 뒤뚱대며 걸었다.

"팟!

갑자기 검은 형체 뒤쪽에서 밝은 빛이 켜졌다. 동시에 검은 형체가 아이들 쪽을 향해 기다란 두 팔을 쓱 들어 올렸다.

"조, 좀비다! 좀비야! 준, 준표야, 도망쳐!"

"으악! 사람 살려!"

청수와 준표는 비명을 지르며 뛰기 시작했다. 화면이 정신없이 흔들렸다. 어두운 뒷동산을 배경으로 거친 숨소리와 비명이 뒤섞여 다급하고 무서웠다.

그렇게 영상이 끝났다.

"영상을 보니까 어때?"

선생님이 물었다. 현보는 얼굴이 창백해져서 덜덜 떨었다.

"너, 너무 무서워서 뭐가 뭔지 하나도 모르겠어요…….."

지민이도 가슴이 콩닥콩닥 뛰었다. 현보처럼 무서웠지만 무섭다고 말하기는 싫었다. 해성이는 진지한 표정으로 고개를 갸웃했다.

"이 영상은 진짜입니다요. 물론 더 정확히 살펴봐야 하지만 영상만 보면 합성 같은 조작의 흔적이 없습니다요. 그렇다면 저 좀비도 진짜일 수 있겠다는 생각이 듭니다요."

그러자 승아가 이마를 찡그리며 반대 의견을 내놓았다.

"기술적인 조작은 없어도 이 영상을 곧이곧대로 믿을 수는 없어요. 고양이를 잡아먹는 좀비라고 했지만 사실은 아무것도 밝혀지지 않았잖아요. 여기 나오는 검은 형체가 진짜 좀비로 밝혀지지도 않았고 실제로 고양이를 잡아먹었다는 증거도 없어요."

승아는 잠깐 고민하더니 덧붙였다.

"어쩌면 이 영상을 찍은 애들이랑 한 패일지도 몰라요. 미리 분장하고 기다리다가 애들이 영상을 찍을 때 좀비처럼 연기했을 수도 있죠."

해성이가 다시 반박했다.

"아닙니다요. 저는 영상을 하도 많이 봐서 애들 반응만 봐도 딱 알 수 있습니다요. 이건 진짜입니다요. 결코 연기일 수가 없습니다요. 고양이를 잡아먹는 좀비는 아니어도 이상하고 위험한 존재가 분명합니다요."

그러자 선생님이 툭 던졌다.

"서로 의견이 다르니 누가 맞는지 직접 가서 확인해 봐야겠구나."

"네?"

아이들의 놀란 눈이 일시에 선생님을 향했다.

"너희는 국일초등학교 정식 과학 추리반이잖니. 과학 추리반의 명예를 걸고 첫 번째 의뢰를 멋지게 해결해야 하지 않겠어?"

아이들은 약속이라도 한 듯 고개를 끄덕였다. 그렇다, 좀비는 너무 비과학적이었다. 과학 추리반으로서 좀비가 없다는 사실을 밝혀낼 의무가 있었다. 해성이가 외쳤다.

"쇠뿔도 단김에 빼라고 했습니다요! 오늘 밤 9시, 학교 앞 집합입니다요!"

"좋아. 승아 넌?"

"알았어."

지민이의 물음에 승아가 짧게 답했다. 이제 현보만 남았다. 현보는 여전히 창백한 얼굴이었다.

"나, 나는 9시면 자야 하는데……."

"오래 안 걸릴 테니까 괜찮아. 끝나고 다 같이 야식 먹자."

"야식?"

야식 먹자는 말에 현보의 눈이 반짝 빛났다. 쥐꼬리만 한 용기가 야식 먹을 생각에 코끼리만큼 커졌다.

"갈래, 나도 야식 먹으러 갈 거야!"

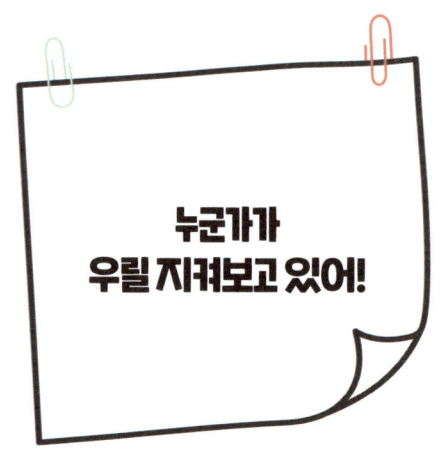

누군가 우릴 지켜보고 있어!

밤 9시.

지민이와 승아, 해성이, 현보는 국일초등학교 별관 앞에 모였다. 최국일 선생님이 먼저 와서 기다리고 있었다.

"다들 준비됐나?"

"네!"

아이들은 입을 모아 힘차게 대답했다. 각자 손에 스마트폰과 손전등을 들고, 춥지 않게 겉옷을 잘 챙겨 입었다. 해성이는 액션캠도 들고 있었다. 선생님은 부모님들께 미리 아이들의 외출을 허락받아 두었다.

"학교 뒷동산은 이 별관 건물을 돌아서 올라가면 된단다. 선생님이 계속 여기 있을 테니까 무슨 일이 생기면 바로 연락하고. 눈썹이 휘날리도록 날아갈 테니 안심하고 다녀오렴. 자, 그럼 과학 추리반 출동!"

"출동!"

아이들은 씩씩하게 뒷동산을 향해 출발했다. 사방이 컴컴했지만 아주 무섭지는 않았다. 혼자가 아니라 친구들과 함께였고 뒤에서 선생님도 지키고 있으니까. 그때 해성이가 말했다.

"여러분, 지금은 우리 과학 추리반의 역사적인 첫 번째 사건을 앞둔 순간입니다요. 기념으로 영상을 찍으면 좋겠습니다요. 여러분은 어떻게 생각합니까요?"

"난 찬성이야. 영상 기록을 남겨 두면 나중에도 볼 수 있으니까."

"나도 괜찮아."

승아에 이어 현보까지 찬성하자 지민이는 할 말이 없어졌다. 넷 가운데 셋이 찬성 아닌가. 지민이는 다수결의 원칙에 따라 고개를 끄덕였다.

"오, 고맙습니다요. 그럼 지금부터 과학 추리반 첫 번째 미션 영상을 찍겠습니다요!"

얼굴이 활짝 핀 해성이는 얼른 액션캠을 켰다.

"헬로해성님들, 안녕하십니까요. 오늘 국일초등학교 과학 추리반은 고양이를 잡아먹는 좀비의 정체를 밝히기 위해 출동합니다요. 좀비가 목격된 장소는 학교 뒷동산이라고 합니다요. 과연 고양이를 잡아먹는 좀비가 진짜 있는지 지금 확인하러 가 보겠습니다요!"

아이들은 손전등을 꽉 쥐고 두 줄로 나란히 서서 뒷동산을 오르기 시작했다. 지민이와 액션캠을 든 해성이가 앞장서고, 현보와 승아가 뒤따라갔다. 밤에 오르는 뒷동산은 낮에 보던 풍경과 확연히 달랐다. 커다란 나무 위에서 누군가가 내려다보는 것 같고, 어두운 풀숲에도 누군가가 숨어 있는 것 같았다.

아〇〇〇〇〇〇〇〇앵.

어디선가 오싹한 울음소리가 들렸다.

애〇〇〇〇〇〇〇응.

이〇〇〇〇〇〇〇앵.

"윽, 헬로해성님들. 드디어 울음소리가 들립니다요. 이 울음소리는 짝짓기 철에 고양이가 내는 소리라고 합니다요. 으, 알고 들어도 오싹합니다요."

아이들은 손전등으로 이리저리 비추며 앞으로 나아갔다. 바스락, 풀숲에서 소리가 들렸다. 얼른 손전등으로 비추자 동그랗게 빛나는 눈이 보였다.

"고, 고양이 맞지?"

현보가 떨리는 목소리로 물었다.

"응. 고양이 맞아."

승아가 차분하게 대답했다.

"눈에서 꼭 레이저를 쏘는 것 같습니다요. 신기합니다요."

해성이가 감탄한 듯 말하자 승아가 설명을 덧붙였다.

"고양이는 야행성 동물이라 어두운 곳에서도 잘 보이는 눈을 가지고 있어. 고양이 눈에는 타페텀이라는 반사판이 있어서 빛을 한 번 더 반사하거든. 반사판은 빛을 잘 반사하는 아연과 단백질 성분으로 이루어져 있고, 이 반사판 덕분에 고양이는 밤에도 잘 다니는 거야."

"오, 역시 모르는 게 없는 승아 님!"

그때 현보가 소리를 빽 지르며 저만치 앞에 있는 나무를 가리켰다.

"으악! 저, 저기를 봐!"

세상에! 커다란 나무 뒤에서 뭔가가 움직이는 것이었다! 꾸물꾸물 나오는 검은 형체는 얼핏 괴물처럼 보였다. 아이들은 너무 놀라 돌처럼 굳었다.

"얘, 얘들아. 도, 도망, 가자."

현보가 떨리는 목소리로 말했다. 해성이가 격하게 고개를 끄덕였다.

"그, 그러게 말입니다요. 혹시 사, 사람이 아니면 어, 어떡합니까요?"

그 순간, 팟! 하고 유튜브 영상에서 본 것처럼 갑자기 밝은 빛이 쏟아졌다. 동시에 검은 형체가 구부정하게 굽은 자세로 길게 늘어뜨린 팔을 서서히 들어 올리며 다가왔다. 발을 끄는 소리가 기괴하게 울렸다.

그르르르르르륵.

"조, 좀비닷!"

현보가 겁에 질려 빽 소리를 질렀다. 덩달아 해성이도 비명을 지르며 달아났다. 지민이도 손전등을 떨어뜨렸다는 사실도 모른 채 정신없이 뛰기 시작했다.

거대 좀비의 정체는?

 지민이는 커다란 나무 뒤에 숨었다. 가쁜 숨을 몰아쉬는데 누군가가 어깨를 툭 쳤다.
 "헉!"
 화들짝 놀란 지민이가 뒤를 돌아보니 승아가 서 있었다. 승아는 재빨리 검지를 입술에 가져다 대고 '쉿!' 하는 시늉을 했다. 지민이는 울먹울먹 울상을 지었다.
 "우리 이제 어떡해? 좀비한테 잡히기 전에 도망칠 수 있을까?"
 "왜 도망쳐. 진짜 좀비도 아닌데."
 "너도 봤잖아. 말도 안 되게 긴 그림자."

밝은 빛이 쏟아진 순간, 검은 형체 밑으로 몇 배나 기다란 그림자가 장대 귀신처럼 늘어졌다. 평범한 사람이라면 그렇게나 그림자가 길 수 없었다. 승아는 한심하다는 듯 지민이를 보았다.

"과학적 원리로 설명할 수 있어. 지민이 너 오목렌즈 알아?"

"볼록렌즈도 아는데?"

지민이가 약간 부루퉁하게 대꾸했다. 지민이는 오목렌즈와 볼록렌즈 모양뿐만 아니라 특징도 알았다. 볼록렌즈는 렌즈 가운데가 볼록하게 나와 있고 오목렌즈는 오목하게 들어가 있다. 볼록렌즈는 빛을 모으고 오목렌즈는 빛을 퍼뜨린다.

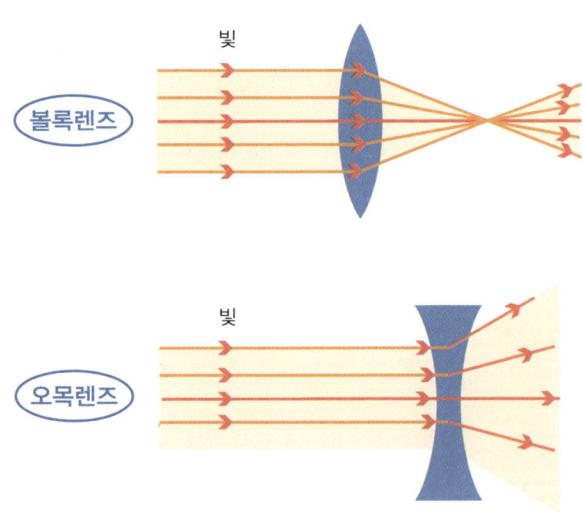

"그래? 그럼 얘기가 쉽지. 뒤쪽에 있는 전등 앞에 오목렌즈를 댄 거야. 그럼 빛이 퍼져서 그림자도 훨씬 길어지거든."

승아는 대수롭지 않게 말했다. 지민이가 생각하기에도 승아 말이 제법 타당했다. 그러나 여전히 한 가지 의문이 남았다.

"네 말대로 과학적으로 충분히 가능한 현상이라는 걸 알겠어. 또 진짜 좀비가 아니라고 치자. 그럼 대체 뭐야? 좀비가 아니면 뭔데?"

"당연히 사람이지."

승아가 그것도 모르냐는 얼굴로 답했다.

"리어카 할아버지야."

지민이는 깜짝 놀라 눈이 휘둥그레졌다. 리어카 할아버지는 국일초등학교 아이들이라면 누구나 하굣길에 종종 마주치는 분이다. 언제나 리어카에 폐지를 잔뜩 싣고 어디론가 바삐 가곤 했다.

"리어카 할아버지라고?"

"응. 아까 현보가 겁먹고 손전등을 마구 휘둘렀잖아. 그때 슬쩍 얼굴이 보였는데 리어카 할아버지더라고."

지민이는 자신 없는 목소리로 중얼거렸다.

"혹시 리어카 할아버지가 밤에는 좀비로 변하는 건 아니겠지?"

"설마, 진심으로 하는 말이야?"

"아니."

지민이 스스로 생각해도 어처구니없었다. 지민이는 냉큼 고개를 흔들어 쓸데없는 생각을 떨쳤다.

"승아 네 덕분에 정신 차렸어. 고마워."

"됐어. 그게 뭐라고."

승아가 고개를 슬쩍 돌리면서 말했다. 어딘지 쑥스러워하는 것 같았다. 지민이는 몰래 씩 웃었다. 아무래도 승아는 말만 무뚝뚝하지, 알고 보면 부끄러움을 많이 타는 성격인 듯했다. 지민이가 승아에게 손을 내밀었다.

"가자."

승아가 짐짓 놀란 눈으로 지민이를 보았다. 지민이는 콧등을 찡긋하고 웃었다.

"좀비의 정체를 알았으니 이제 좀비 흉내를 낸 이유를 알아보러 가야지."

"그렇다고 이렇게…… 손까지 잡을 필요가 있니?"

"충분해. 우리는 과학 추리반 친구니까."

지민이의 대꾸가 마음에 들었는지 승아가 피식 웃었다. 무뚝뚝한 얼굴만 봐 왔는데 웃으니까 정말 귀여웠다.

"좋아, 과학 추리반 친구."

승아가 지민이의 손을 꼭 잡았다. 손의 온기가 전해졌다. 지민이는 한참 멀게만 느껴졌던 승아와 훌쩍 가까워진 듯한 기분이 들었다.

"그럼 과학 추리반 다시 출동이야!"

지민이가 신나서 외치자 승아가 고개를 갸웃했다.

"그런데 현보랑 해성이는 안 찾아도 돼?"

"알아서 돌아가든 돌아오든 하겠지. 우리는 리어카 할아버지한테 가 보자."

"그래."

지민이와 승아는 손을 꼭 잡고 리어카 할아버지가 나타난 방향으로 걸어갔다. 저만치 앞 풀숲에 불빛이 어른댔다. 지민이와 승아가 조심조심 다가갔다.

"그래그래. 아유, 예쁜 것들. 많이 먹어라."

"야옹."

리어카 할아버지 목소리와 고양이 울음소리가 함께 들렸다. 지민이와 승아가 고개를 빼죽 내밀고 봤더니 리어카 할아버지가 손전등을 들고 웅크려 앉아 있었다. 승아가 작게 속삭였다.

"리어카 할아버지가 네 손전등을 주우셨나 봐."

지민이가 말없이 고개를 끄덕였다. 할아버지는 흐뭇하게 웃으며 고양이들이 오밀조밀 모여서 사료를 먹는 모습을 지켜보

고 있었다.

"야옹."

고양이 한 마리가 할아버지에게 어리광 부리듯 다가왔다. 할아버지는 고양이를 두 손으로 안고 쓰다듬어 주었다. 지민이와 승아는 할아버지에게 가까이 다가갔다.

"할아버지."

할아버지는 소스라치게 놀라 뒤를 돌아보았다. 어느새 바짝 다가온 아이들을 보고는 얼른 고양이를 내려놓고 도망가려고 했다. 지민이가 잽싸게 할아버지 앞을 막아섰다.

"도망가셔도 소용없어요. 할아버지가 좀비 맞죠?"

승아는 할아버지 뒤를 막으며 말했다.

"할아버지가 좀비 흉내를 내서 사람들을 쫓아내셨죠?"

그러자 할아버지도 포기했는지 어깨가 축 늘어졌다. 다시 웅크려 앉아서 여전히 할아버지 다리에 몸을 비비는 고양이를 품에 안았다.

"그래, 내가 그랬단다. 다들 놀라게 해서 미안하지만 어쩔 수 없었어. 이 아이들을 지켜줘야 했거든."

지민이는 할아버지에게서 손전등을 건네받으며 물었다.

"왜 좀비 흉내를 내셨어요?"

"고양이에게 돌을 던지는 아이들이 있단다. 별생각 없이 장난으로 그러는 거겠지만, 돌에 맞아 다친 고양이는 야생에서 살아가기 힘들거든. 그래서 차라리 얼씬도 못 하게 해야겠다고 생각했지."

승아가 고개를 끄덕였다.

"그래서 무서운 소문을 내려고 좀비인 척하셨군요."

"맞아. 이 아이들은 사람을 좋아해서 피하지 않거든. 어떻게 해야 다치지 않게 잘 보호할 수 있을까 고민하다가 좀비 생각이 났지. 좀 더 무섭게 하려고 리어카에 무선 리모컨 전조등을 달았단다. 전조등 앞에 오목렌즈를 대고 뒤쪽에서 켜면 그림자가 엄청나게 커지니까 효과가 확실했지."

승아가 차분한 목소리로 말했다.

"할아버지 마음은 이해해요. 하지만 계속 좀비인 척 거짓말하시면 안 돼요."

"안다. 어차피 너희에게 다 들통난 이상 좀비 흉내를 내는 건 더는 못 하지. 이 아이들을 위한 다른 방법을 찾아봐야겠구나."

할아버지가 쓴웃음을 지었다. 지민이는 마음이 찌르르 아팠다. 고양이를 아끼는 할아버지를 돕고 싶었다.

"할아버지, 저희가 도와드릴게요."

"너희가? 어떻게?"

"학교에서 길고양이 보호 운동을 하려고요. 길고양이한테 돌을 던지거나 잡아서 괴롭히는 장난을 해서는 안 된다고 알려야죠. 분명 몰라서 하는 아이들도 있을 테니까요."

승아도 말을 보탰다.

"동물 보호 단체에도 도움을 청할 수 있어요."

할아버지는 울먹이며 고개를 떨궜다.

"고맙구나……. 정말 고마워."

"별말씀을요. 울지 마세요, 할아버지."

그때 갑자기 뒤쪽에서 생뚱맞은 목소리가 들렸다.

"좀비, 어서 나와!"

"내 친구들을 내놔!"

한참 전에 도망쳤던 현보와 해성이었다. 둘은 손에 나뭇가지를 하나씩 들고 씩씩댔다. 지민이가 할아버지한테 말했다.

"걱정하지 마세요. 저희 친구들이에요."

지민이는 현보와 해성이 쪽을 손전등으로 비추며 외쳤다.

"얘들아, 괜찮으니까 조용히 하고 이리로 와."

현보와 해성이는 나뭇가지를 꼭 쥐고 다가왔다. 지민이가 할아버지를 소개했다.

"너희도 리어카 할아버지 알지? 좀비가 아니라 할아버지가 여기서 길고양이들을 돌보고 계셨대."

현보가 머리를 긁적였다.

"난 너희가 좀비에게 잡힌 줄 알고……. 할아버지, 안녕하세요."

해성이도 머쓱하게 인사했다.

"할아버지, 안녕하십니까요? 승아 님, 지민 님. 많이 걱정했습니다요."

승아가 코웃음을 쳤다.

"뒤도 안 돌아보고 도망가던데? 다시 돌아올 줄은 몰랐네."

지민이도 짐짓 화난 얼굴로 말했다.

"친구를 버리고 도망갔으니 벌을 받아야지. 너희, 일주일 동안 동아리실 출입 금지야."

현보와 해성이가 두 손을 모으고 싹싹 빌었다.

"진짜 미안해. 한 번만 용서해 주라."

"잘못했습니다요. 다시는 그러지 않겠습니다요."

지민이가 승아를 힐끔 보았고, 눈이 마주친 승아가 고개를 끄덕였다.

"용서해 주는 대신 조건이 하나 있어."

"뭔데? 뭐든지 할게!"

"말만 하면 됩니다요!"

현보와 해성이가 다급하게 매달렸다.

"과학 추리반 이름으로 길고양이 보호 운동을 하는 거야."

지민이는 현보와 해성이에게 리어카 할아버지와 길고양이의 사정을 설명했다. 다 들은 현보와 해성이는 힘차게 고개를 끄덕였다.

"우리가 할 수 있는 건 뭐든지 할게!"

지켜보던 할아버지가 또 눈물을 글썽였다.

"살다 보니 이런 날도 있구나. 정말 고맙다, 고마워."

아이들은 할아버지와 인사하고 뒷동산을 내려왔다. 별관 앞에 이르자 최국일 선생님이 기다리고 있었다.

"모두 무사히 돌아왔구나. 어때, 좀비의 정체를 밝혀냈니?"

아이들은 활짝 웃으며 씩씩하게 대답했다.

"네!"

아이들은 선생님에게 뒷동산에서 있었던 일을 처음부터 끝까지 말했다. 모두 들은 선생님은 흐뭇하게 웃으며 엄지를 척 들었다.

"역시 과학 추리반! 첫 번째 미션 성공을 축하한다."

"와!"

아이들은 선생님의 배웅을 받으며 벅찬 마음을 안고 집으로 돌아갔다.

다음 날, 아이들은 청수와 준표를 찾아가 좀비 미스터리의 진상과 길고양이 보호 운동을 알렸다. 얼마 뒤, 청수와 준표는 후속 영상으로 리어카 할아버지와 길고양이를 찍어서 유튜브에 올렸다. '길고양이에게 돌을 던지지 마세요! 따뜻한 눈으로만 봐 주세요!'라는 자막을 넣은 영상은 반응이 폭발적이었다. 많은 아이가 길고양이 보호 운동을 알게 되었고, 길고양이에게 돌을 던지는 사람을 보면 말리겠다고 했다. 동물 보호 단체에서도 도와주겠다고 나섰다.

"정말 잘됐어."

지민이가 뿌듯한 얼굴로 말했다. 해성이가 호들갑을 떨었다.

"그렇습니다요. 이게 다 지민 님과 승아 님 덕분입니다요!"

"맞아, 지민이와 승아가 다 했지!"

현보도 맞장구쳤다. 그러자 승아가 톡 쏘아붙였다.

"너희 아부 떨지 마."

그 말에 해성이와 현보가 긴장해서 돌아보자 승아가 킥킥 웃었다.

"나랑 지민이만이 아니라 우리 과학 추리반이 한 거야."

그제야 스르륵 풀어진 해성이와 현보가 손뼉을 치며 환호했다. 승아는 지민이를 보고 한쪽 눈을 찡긋했다. 지민이도 승아에게 한쪽 눈을 찡긋했다.

'역시 승아는 말만 무뚝뚝하다니까.'

승아의 과학 노트

대한민국에서 좀비라니, 실제로 좀비가 있다면 옛날부터 있었어야지. 심지어 좀비는 미국에서도 나온 지 얼마 안 됐다고! 역시 귀신은 사람들의 두려움이 만들어 낸 상상일 뿐이야. 좀비인 줄 알았던 거대한 그림자도 빛과 렌즈의 성질을 이용한 트릭이었어!

빛의 성질을 알아봅시다

우리는 빛이 있기 때문에 물체를 볼 수 있어요. 빛이 없으면 아무것도 볼 수가 없지요. 빛은 어떤 성질을 가지고 있을까요?

- **빛의 직진**: 빛은 직진하는 성질이 있어요. 이를 '빛의 직진'이라고 하는데, 그 증거 중 하나가 바로 그림자가 만들어진다는 거예요. 빛이 직진하다가 물체를 만나면 통과하지 못하기 때문에 물체의 뒤쪽에 그림자가 생기게 되지요.

- **빛의 굴절**: 물에 손가락이나 물건을 넣었을 때 이상하게 느껴진 적은 없나요? 공기와 물의 성질이 다르기 때문에 그 경계에서 빛이 꺾이는 거랍니다. 그래서 물건이 떠올라 보이기도 하고 손가락이 두껍게 보이기도 하지요. 빛이 직진하다가 성질이 다른 물질로 들어갈 때 꺾이는 것을 '빛의 굴절'이라고 해요.

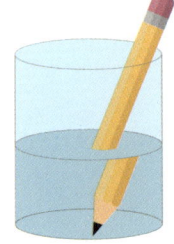

- **빛의 반사**: 직진하던 빛이 물체에 부딪힐 때 방향을 바꾸어 되돌아 나가는 현상을 '빛의 반사'라고 합니다. 우리가 거울을 볼 때 비치는 모습은 거울에서 반사된 빛을 보는 것이지요. 거울이나 유리처럼 표면이 매끄러운 물체에서는 빛이 한 방향으로 일정하게 반사되기 때문에 주변이 잘 비쳐 보이지요. 그렇지만 대부분의 물체는 표면이 거칠고 울퉁불퉁하기 때문에 빛이 제각각의 방향으로 반사되어 주변을 비추

지 않고, 물체 자체가 더 잘 보이게 됩니다.

볼록렌즈와 오목렌즈

렌즈는 빛의 굴절을 이용하는 도구예요. 렌즈를 이용해 직진하는 빛을 모으기도 하고, 퍼지게도 할 수 있지요.

- **볼록렌즈**: 볼록렌즈는 가장자리보다 가운데가 두꺼워요. 빛이 통과할 때 빛을 모으는 성질이 있어요. 가까운 물체가 잘 안 보이거나 작은 물체를 더 크고 선명하게 보고 싶을 때 쓰는 돋보기와 현미경 등이 볼록렌즈를 사용하지요.

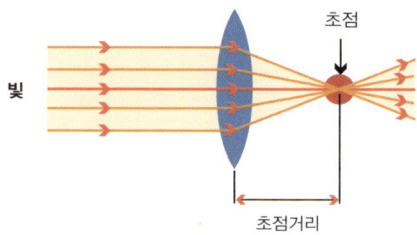

- **오목렌즈**: 오목렌즈는 가운데보다 가장자리가 두꺼워요. 빛이 통과할 때 빛을 퍼뜨리는 성질이 있습니다. 거리가 먼 물체를 선명하게 보고 싶을 때 쓰는 안경에 사용하지요.

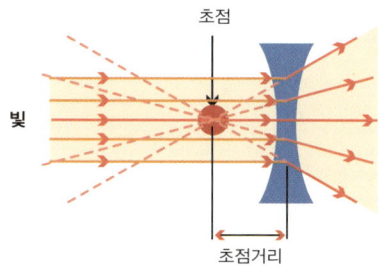

	가까이 있는 물체	멀리 있는 물체
볼록렌즈	크고 선명하게 보인다	작고 거꾸로 보인다
오목렌즈	작고 선명하게 보인다	더 작고 선명하게 보인다

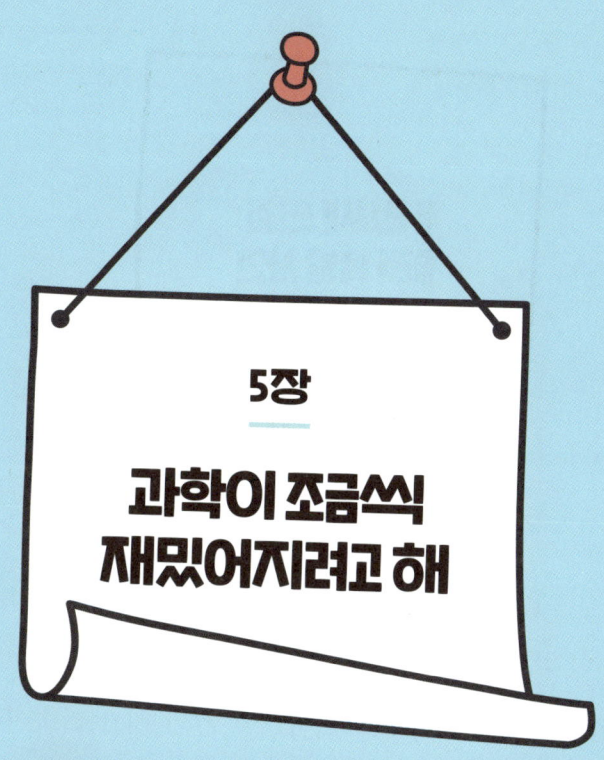

5장

과학이 조금씩 재밌어지려고 해

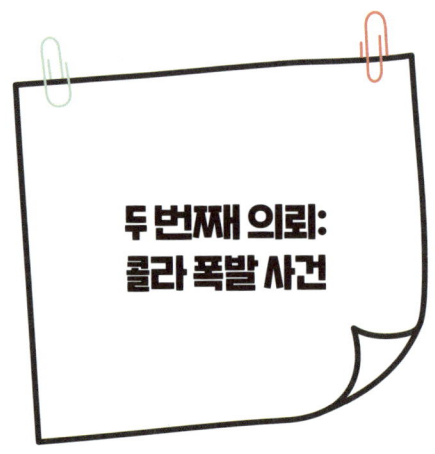

두 번째 의뢰: 콜라 폭발 사건

 오늘도 지민이는 급식을 먹자마자 동아리실로 쪼르르 갔다. 요즘 과학 추리반 아이들은 점심시간이 되면 서로 약속이라도 한 듯 동아리실에 모였다.
 '다들 꽤 친해졌네. 해성이 말투는 아직도 적응이 안 되지만.'
 지민이는 과학 추리반 친구들 생각에 절로 미소가 지어졌다. 무뚝뚝해 보이지만 똑똑하고 의리 있는 승아, 말투는 이상해도 눈치 빠르고 분위기를 살려 주는 해성이, 식탐은 많지만 감도 좋고 성격도 좋은 현보. 모두 알면 알수록 참 좋은 친구다.
 동아리실 문을 열자 소파에서 잠든 현보가 보였다. 그 뒤 창밖으로는 푸른 하늘에 흰 구름이 떠가고, 동아리실에는 밝은 햇살이 따스하게 내리비쳤다. 푹신한 소파에 파묻혀 세상모르고

자는 현보는 덩치 큰 강아지처럼 귀여웠다.

지민이는 현보가 깨지 않게 조용히 들어가 앉았다. 얼마 지나지 않아 온 해성이, 승아와 함께 이야기를 나누는데, 갑자기 남자아이 하나가 급하게 뛰어 들어왔다.

"헉헉, 도, 도와주세요!"

남자아이는 얼굴이 발개진 채로 숨을 가쁘게 몰아쉬었다.

"하아, 하아, 저는 4학년 2반 오지훈이에요. 지금 우리 반 애들이 별관 뒤에서 싸우려고 해요."

"싸운다고? 그런 문제라면 우리 말고 담임 선생님께 말씀드려야지."

지민이의 말에 지훈이는 고개를 절레절레 저었다.

"선생님이 말려도 소용없어요."

"왜?"

지훈이가 한숨을 푹 쉬었다.

"민수가 호철이가 준 콜라를 마시다가 뿜었는데요. 콜라가 그만 지율이 옷에 다 튀었어요. 지율이는 옷이 엉망이 돼서 울고 지율이를 좋아하는 호철이는 민수에게 화를 냈죠. 그런데 민수는 오히려 호철이가 일부러 콜라를 흔들어서 줬다고 화냈어요. 애들이 얼른 선생님을 불러와서 싸움을 막았는데요. 화가 안 풀린 둘이 결국 별관 뒤에서 싸운다고 갔어요. 선생님이 쫓아가서

말려도 걔네는 딴 데서 또 싸울 거예요."

"그래서 우리를 찾아왔니?"

"네. 분명 콜라가 입에서 폭발했는데, 범인은 없고 서로 피해자라고 해요. 반 친구 하나가 과학 추리반 누나, 형들에게 도와달라고 부탁하자고 했어요. 그래서 발이 제일 빠른 제가 막 뛰어왔어요."

"후, 그렇다면 어쩔 수 없군."

그사이 잠에서 깬 현보가 기지개를 켜며 말했다.

"사건이야! 우리 과학 추리반이 출동할 때지!"

해성이도 냉큼 액션캠을 들고 따라 일어섰다.

"과학 추리반 두 번째 의뢰입니까요? 엄청나게 기대됩니다요. 꾸물거리지 말고 어서 빨리 출동합시다요!"

현보와 해성이가 나서자 지훈이가 감동한 표정으로 넙죽 인사했다.

"고마워요, 형들!"

"뭘 이 정도야, 과학 추리반이라면 당연히 해야 할 일이지!"

현보가 의기양양하게 말하고 지민이와 승아를 돌아봤다.

"너희는 같이 안 가?"

지민이와 승아는 서로 눈을 마주 보더니 고개를 끄덕였다. 그러고는 함께 사이좋게 일어났다.

"가야지. 우리도 과학 추리반인걸."

해성이가 신나서 외쳤다.

"출동! 과학 추리반 나가십니다요."

아이들이 씩씩하게 동아리실을 나서려는 찰나였다.

"어이쿠!"

막 동아리실에 들어오던 최국일 선생님과 딱 마주쳤다.

"다 같이 어디 가려고? 무슨 일이라도 생겼어?"

현보, 해성이, 지민이, 승아가 차례차례 선생님 옆을 지나가며 말했다.

"드디어 사건이래요!"

"과학 추리반 두 번째 출동입니다요."

"선생님도 같이 가세요!"

"시간 없으니까 가면서 설명해 드릴게요."

"그래! 사건이 있는 곳엔 과학 추리반이 나서야……. 얘들아? 같이 가자!"

선생님도 몸을 돌려 허둥지둥 아이들을 따라갔다.

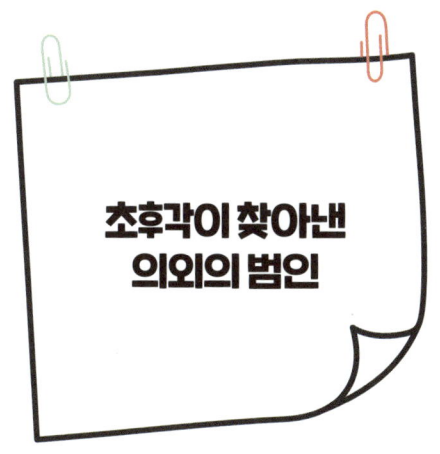

초후각이 찾아낸 의외의 범인

 별관 뒤에는 아이들이 와글와글 모여 있었다. 얼굴이 벌겋게 달아오른 남자아이 둘이 씩씩대며 서로 노려보고, 나머지 아이들은 주변을 빙 둘러 서 있었다. 남자아이 둘은 지훈이가 말한 민수와 호철이가 분명했다.

 "애들아, 과학 추리반 누나, 형들이 왔어! 선생님도 같이 오셨어!"

 지훈이가 외치자 아이들이 우르르 길을 비켜 주었다.

 "콜라가 폭발했다고 하던데. 어떻게 된 일이야?"

 최국일 선생님이 두 아이에게 물었다. 먼저 호철이가 발끈해서 말했다.

 "거짓말이에요! 민수가 콜라를 마시는 척하다가 일부러 지율

이한테 뿜었다니까요."

민수도 울컥해서 주먹을 불끈 쥐었다.

"너나 거짓말하지 마. 선생님, 얘가 저한테 일부러 콜라를 흔들어서 줬어요."

"내가 왜?"

"왜 그랬는지는 네가 잘 알 텐데? 나한테 게임에서 진 복수를 하고 싶으면 정정당당하게 다시 게임으로 붙어. 이렇게 비겁하게 굴지 말고."

"하, 내가 너냐? 게임에서 한 번 졌다고 꽁하게? 하여튼 쪼잔하긴."

"뭐? 쪼, 쪼잔하다고? 이게 진짜!"

화가 머리끝까지 난 민수와 호철이는 선생님조차 까맣게 잊은 듯했다. 서로를 잡아먹을 듯 노려보며 으르렁댔다.

보다 못한 최국일 선생님이 둘 사이로 끼어들며 진정시켰다.

"워, 워. 얘들아, 진정하렴. 너희 이러다 진짜 치고받고 싸우면 부모님 학교 모셔 와야 하는 거 알지? 무턱대고 사고 치기 전에 좋게 좋게 말로 하자꾸나. 응?"

그러나 마음이 단단히 상한 민수와 호철이는 이야기로 풀 생각이 눈곱만큼도 없는 듯했다.

"재랑 할 말 없어요!"

"말이 안 통하는데 무슨 말을 해요!"

흥! 민수와 호철이는 콧방귀를 뀌며 고개를 홱 돌렸다.

"말하기 싫다면 어쩔 수 없지. 너희 부모님과 얘길 나눠 보마. 그럼 선생님도 편하고 좋거든."

순간, 민수와 호철이는 아차 싶은 표정이었다. 선생님은 모르는 척 물었다.

"어떻게 할래? 선생님한테 얘기할래, 아니면 부모님 모셔 올까?"

"……. 얘기할게요."

민수와 호철이는 꾸물꾸물 대답했다. 선생님은 그제야 씩 웃었다.

"잘 생각했어. 지금부터 과학 추리반 형과 누나들이 물어볼 테니까, 성심껏 잘 대답해야 한다."

"네……."

민수와 호철이가 마지못해 고개를 끄덕였다. 최국일 선생님이 과학 추리반 아이들을 보고 한쪽 눈을 찡긋해 보였다. 이제 과학 추리반이 나설 차례였다! 첫 번째 타자는 지민이었다.

"호철아, 아까 민수에게 콜라를 어떻게 준 거야?"

"종이컵에 따라 줬어요."

호철이는 한숨을 푹 쉬더니 말을 이었다.

"급식 먹고 와서 지율이랑 나눠 마시려고 콜라를 땄는데요. 갑자기 민수가 자기도 마시고 싶다는 거예요. 콜라가 500ml라서 저랑 지율이랑 종이컵으로 한 잔씩 마시면 조금 남거든요. 그거라도 주려고 하니까 지율이가 자기는 안 먹어도 된대요. 대신 민수한테 주라고 했어요. 솔직히 내키지 않았지만 할 수 없이 민수에게 줬는데……."

호철이는 잠시 말을 멈추더니 민수를 째려보았다.

"쟤가 고마운 줄도 모르고 지율이한테 콜라를 뿜었어요! 아주 더럽게!"

그러자 민수가 버럭 소리쳤다.

"아니라니까! 진짜 콜라가 폭발했다고!"

두 번째 타자 승아가 손뼉을 짝! 치며 나섰다.

"조용! 얘들아, 시끄럽게 떼쓰지 말고 묻는 말에 대답만 잘하자. 민수야, 호철이가 말한 대로야? 아니면 뭐가 또 있어?"

민수는 툴툴대며 입을 삐죽거렸다.

"호철이가 지율이랑 둘이서 마시려는 줄은 몰랐어요. 알았으면 달라고 안 했죠. 그냥 콜라를 들고 있기에 나도 좀 달라고 했고, 지율이가 양보해 주니까 고맙게 생각했어요. 그런데 콜라를 마시자마자 제 입안에서 폭발한 거예요. 말 그대로 폭발이었다니까요!"

민수는 눈에 잔뜩 힘을 주고 호철이를 노려보며 말을 이었다.

"너무 황당하고 어이없었는데 이제 이유를 알았어요. 호철이는 저 때문에 지율이랑 콜라를 못 마시게 됐으니 기분이 상했겠죠. 그래서 콜라를 일부러 흔들어 줘서 저를 골탕 먹인 게 분명해요!"

호철이와 민수 이야기를 번갈아 들은 해성이가 고개를 갸웃했다.

"호오, 거참 신기합니다요. 두 사람이 한 이야기를 종합하면 종이컵에 따를 때만 해도 멀쩡했던 콜라가 입안에 들어가자마자 폭발했답니다요. 과연 이게 가능한 일입니까요?"

해성이가 말한 대로였다. 멀쩡한 콜라가 어떻게 갑자기 폭발한 걸까? 그때 현보가 앞으로 쓱 나서더니 사극에서 보던 포졸 흉내를 냈다.

"결정적인 증거물을 대령하시오."

해성이가 액션캠을 현보에게 돌렸다.

"결정적 증거물은 뭘 말합니까요?"

"콜라 아니겠소! 아까 호철이가 땄다는 콜라병을 가져오라

하시오."

그러자 뒤쪽에서 한 아이가 아직 콜라가 반 이상 남은 500ml 페트병을 가져왔다. 현보는 페트병을 받아 들고 뚜껑을 열어서 한 모금 마셨다.

"캬, 맛있다."

지민이가 정색하며 말했다.

"현보야, 지금 콜라 마실 때가 아니야."

"난 지금 수사를 하고 있어. 내 초미각 혀로 콜라에 남은 탄산을 느낀 거라고."

"오호라, 현보 님은 호철이가 콜라를 정말 흔들었는지 아닌지 확인해 본 것입니까요?"

"그럼! 당연하지."

현보는 남은 콜라를 호로록 다 마셨다. 끅! 트림을 하고는 자신만만하게 말했다.

"이 콜라에는 탄산이 거의 그대로 남아 있어. 만약 민수가 주장한 대로 호철이가 일부러 콜라를 흔들었다면 뚜껑을 열었을 때 탄산이 많이 빠졌어야 해."

가만히 듣고 있던 승아가 중얼거렸다.

"하기야 호철이가 일부러 흔들었다면 뚜껑을 열었을 때 이미 탄산이 분출했겠지. 종이컵에 따르지도 못했을걸?"

"맞아! 지금 내 초미각 혀로 확인해 봐도 탄산은 여전히 많이 남아 있어. 다시 말해, 호철이가 콜라를 흔들지 않았다는 뜻이지."

"거봐, 난 흔들지 않았다니까. 네가 일부러 뱉고 거짓말한 거지!"

호철이가 가슴을 쓱 내밀고 의기양양해하자 현보가 고개를 저었다.

"아니, 민수도 일부러 콜라를 뱉지 않았어."

다들 눈이 휘둥그레졌다. 현보가 무슨 말을 하는지 도무지 알 수가 없다는 표정이었다. 단 한 사람, 최국일 선생님만 빼고.

"현보가 수수께끼를 풀었나 보구나."

"네! 사실 저는 처음부터 눈치챘어요."

현보는 민수 앞으로 다가가 코를 벌름거렸다.

"난다, 냄새가 난다……. 민수, 너 급식 먹고 사탕 먹었지?"

"헉! 어떻게 알았어요?"

민수가 깜짝 놀라 되묻자 현보가 씩 웃었다.

"내 코가 또 초후각 코잖아. 너한테서 사탕 냄새가 나거든. 킁킁. 이 냄새는 분명……, 박하사탕?"

"헉! 마, 맞아요!"

"넌 아마도 입안에 박하사탕이 남아 있는 상태로 콜라를 받아 마셨겠지."

"헉! 그, 그랬어요!"

현보가 선생님을 돌아보며 말했다.

"선생님, 답을 찾았어요! 범인은 바로 박하사탕이에요."

전혀 생각지도 못한 답에 모두가 어안이 벙벙해졌다. 지민이

가 참지 못하고 물었다.

"현보야, 박하사탕이 왜? 뭐가 문제야? 빨리 설명해 줘."

"박하사탕을 콜라랑 먹으면 부글부글하고 폭발하거든. 사실 내가 예전에 박하사탕을 문 채로 콜라를 마셨다가 입에서 부글부글해서 못 참고 뿜은 적이 있어서 알아."

현보가 조금 멋쩍은 듯 뒷머리를 긁었다. 그러자 승아도 물었다.

"이유가 뭐야? 왜 콜라와 박하사탕이 만나면 폭발하지?"

"이유까지는 모르는데."

현보가 상황은 알겠는데 설명하긴 어렵다는 표정으로 최국일 선생님을 보았다. 선생님은 흠흠! 헛기침을 두어 번 하고는 나섰다.

"자, 선생님이 설명해 주마. 밀봉된 콜라를 열 때 나는 '칙' 소리, 들어 본 적이 있지? 그건 바로 콜라에 들어 있는 탄산이 빠져나오는 소리란다. 탄산은 기체인 이산화탄소를 물에 녹여 만든 거야. 탄산이 공기에 노출되면 물 분자가 붙잡고 있던 이산화탄소가 서서히 기체로 바뀌면서 밖으로 빠져나오게 돼. 그래서 막 딴 콜라에는 탄산이 많지만, 시간이 지나면 탄산이 없어지지. 그리고 박하사탕에는 아라비아검이라는 성분이 들어 있는데, 이 아라비아검이 탄산을 만나면 물 분자의 힘을 아주 약하게 한단다. 그래서 콜라와 박하사탕이 만나면 콜라 속의 탄산이 빠르게 기체인 이산화탄소로 바뀌면서 폭발하는 것처럼 보이지. 현보가 말한 대로, 범인은 박하사탕인 셈이야."

"아……."

아이들은 그제야 고개를 끄덕였다.

"박하사탕뿐만이 아니야. 레몬 가루나 아이스크림, 베이킹 소다도 콜라와 만나면 박하사탕처럼 폭발이 일어난단다."

"오!"

아이들의 탄성 사이로 해성이 목소리가 들렸다.

"찾았다!"

해성이는 그사이 스마트폰으로 찾은 영상 하나를 보여 주었다. 콜라와 아이스크림을 함께 먹은 사람이 입안에서 부글거리며 끓어오르는 것을 못 참고 뿜는 영상이었다.

"진짜네. 아까 민수랑 똑같아."

영상을 본 호철이가 멋쩍게 사과했다.

"내가 오해했어, 민수야. 정말 미안해."

"괜찮아."

이번에는 민수가 지율이에게 사과했다.

"지율아, 내 실수로 옷을 더럽혀서 미안해."

"이제 괜찮아. 고의가 아니라 사고였잖아."

지율이가 방긋 웃으며 사과를 받아 주었다. 긴장감이 감돌던 분위기가 화기애애해졌다. 지켜보는 과학 추리반 친구들과 최국일 선생님 얼굴에 흐뭇한 미소가 떠올랐다. 현보가 손가락으로 브이 자를 만들어 보이며 해성이의 액션캠을 향해 외쳤다.

"과학 추리반 두 번째 미션도 대성공!"

현보의 과학 노트

콜라가 저절로 폭발하다니 그럴 리가 없어. 콜라는 죄가 없어, 콜라는 나의 사랑인걸. 박하사탕을 입에 넣고 콜라를 먹으면 안 됐을 뿐이야! 콜라에는 기체가 녹아 있는데 아이스크림이나 박하사탕은 녹아 있는 기체를 빨리 분출시켜서 아까운 콜라를 뿜게 하거든!

여러가지 기체에 대해 알아봅시다

일정한 모양과 부피가 없고, 담기는 그릇을 항상 가득 채우려는 성질이 있는 물질의 상태를 '기체'라고 해요. 기체는 눈에 보이지 않기 때문에 용해되지 않는다고 생각할 수도 있지만, 기체도 다른 물질과 만나 용해될 수 있답니다. 일상에서 만날 수 있는 기체의 종류에는 어떤 것들이 있을까요?

- **산소**: 산소는 동식물이 숨 쉬는 데 없어서는 안 되는 기체입니다. 음식물의 영양분을 생물의 몸에 필요한 에너지로 바꾸는 데 꼭 필요하죠. 물속에 사는 생물들은 공기 중의 산소 대신 물속에 녹아 있는 산소를 이용해서 호흡합니다. 산소는 다른 물질에 쉽게 반응하기 때문에 산소가 풍부하면 불이 쉽게 나고, 쇠가 산소를 만나면 산화되어 녹이 슬기도 하지요.

- **이산화탄소**: 이산화탄소는 우리가 숨을 내쉴 때나 물질이 탈 때 발생해요. 공기 중에 0.03%밖에 들어 있지 않지만, 지구의 생태계에서 아주 중요한 역할을 하지요. 식물들은 이산화탄소를 흡수해서 포도당 같은 에너지원을 만들어요. 물에 잘 녹는 성질이 있고, 물에 녹으면 탄산이 됩니다.

- **질소**: 공기 중에 가장 많이 포함되어 있는 기체입니다. 다른 물질에 잘 반응하지 않아 모습이 잘 변하지 않아요. 과자 봉지에 질소 가스를 채워 넣는 이유도 이와 같지

요. 외부에서 충격이 가해져도 과자가 부서지지 않게 보호하고, 산소나 습기의 접촉을 막아 준답니다.

- **수소**: 수소는 모든 기체 중 가장 가볍고, 다른 물질과 결합하거나 높은 온도를 만나면 폭발하는 성질이 있어요. 하지만 물을 구성하는 원소여서 자원이 풍부하고, 탈 때 지구 온난화의 원인인 이산화탄소를 배출하지 않기 때문에 잘 활용한다면 환경에 도움이 되지요.

- **온도에 따른 기체 변화**: 고체는 물의 온도가 높을수록 잘 녹지만 기체는 반대로 물의 온도가 낮아야 많이 녹아요. 미지근한 콜라보다 시원한 콜라에서 탄산이 더 많이 느껴지는 것도 차가운 콜라에 기체가 더 풍부하게 녹아 있어서 그렇답니다.

함께 만들어 봐요!

산소를 눈으로 확인해 볼까요?

준비물: 유리병, 양초, 성냥, 수조
※ 불이 사용되니 꼭 부모님과 같이하세요!

물이 담긴 수조에 양초를 넘어지지 않게 단단히 고정한 뒤, 불을 붙입니다. 그런 다음 유리병을 뒤집어 덮어줍니다. 성냥불이 타다가 잠시 후 꺼지고, 유리병 안에 물이 차오르기 시작할 거예요. 병 안에 양초가 타면서 산소가 모두 소진되고, 사라진 산소의 부피만큼 물이 차오르는 것이지요.

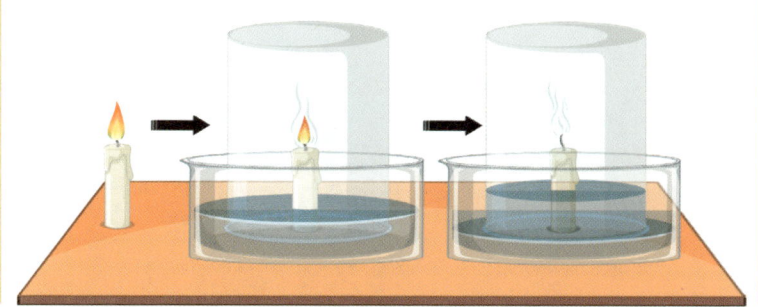

6장

우리는 짝퉁 과학 영재반이 아니야!

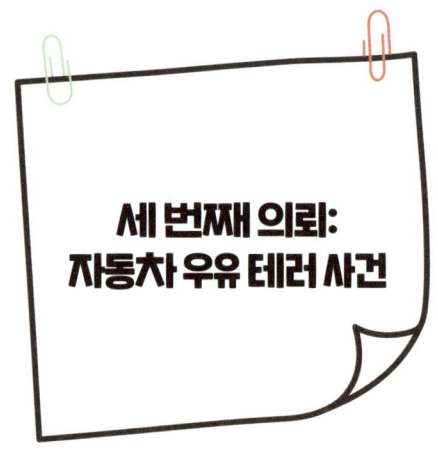

세 번째 의뢰: 자동차 우유 테러 사건

 매주 수요일은 방과 후 과학 추리반 수업이 있는 날이다. 교무실을 다녀오느라 늦은 지민이는 서둘러 가방을 메고 교실을 나섰다. 그런데 몇 걸음 걷지 않아 반갑지 않은 얼굴들과 딱 마주치고 말았다.

 "뭐야, 짝퉁 과학 영재반이잖아."

 라후가 깐죽거리며 시비를 걸어왔다.

 "요새 탐정 놀이하면서 설치고 다닌다며?"

 용빈이도 뾰족한 목소리로 비아냥댔다. 지민이는 어이가 없었다. 과학 추리반 선발 시험에서 라후와 용빈이가 보였던 무례한 모습이 떠올라 기분이 팍 상했다.

 "그 짝퉁 과학 영재반 선발 시험에서 떨어진 네가 할 소리는

아니지."

지민이는 톡 쏘아붙이고 돌아섰다. 뒤에서 투덜대는 소리가 들렸지만 싹 무시했다.

'짝퉁 과학 영재반이라니. 아무것도 모르면서 함부로 떠들긴.'

과학실에는 최국일 선생님과 승아, 현보, 해성이가 이미 와 있었다.

"이제 다 모였으니 수업을 시작해 볼까?"

선생님은 검지로 셜록 홈스 모자의 챙을 살짝 밀어 올렸다.

"오늘은 특별 야외 수업이란다. 수업 준비물은 학교 뒤쪽 주차장에 마련해 뒀지. 자, 모두 주차장으로 출발!"

"네!"

과학 추리반은 최국일 선생님을 따라 학교 뒤쪽 주차장으로 향했다. 한창 재잘재잘 떠들며 가는데, 갑자기 날카로운 비명이 울려 퍼졌다.

"꺅!"

깜짝 놀란 아이들은 제자리에 우뚝 섰다. 현보가 겁먹은 목소리로 물었다.

"선생님……. 무, 무슨 소리예요?"

선생님도 놀란 얼굴로 아이들을 돌아보았다.

"무슨 일인지 확인해 봐야겠구나. 선생님이 가 볼 테니 너희는 과학실로 돌아가거라."

현보와 해성이가 고개를 끄덕이고 주춤주춤 뒤로 물러났다. 이때 지민이가 단호하게 나섰다.

"저희도 따라갈게요. 과학 추리반으로서 무슨 일인지 확인하고 싶어요."

선생님은 잠깐 망설이다가 허락해 주었다.

"그래, 따라오렴. 단, 문제가 있으면 곧장 돌려보낼 거다."

"네."

지민이가 고개를 끄덕이며 다짐했다.

'무슨 일인지 몰라도 반드시 해결하겠어. 라후와 용빈이가 다시는 짝퉁 과학 영재반이라는 소리를 못 하게 해 줘야지.'

지민이와 아이들은 최국일 선생님 뒤를 따라 비명이 들린 학교 뒤쪽 주차장으로 갔다. 주차장에는 김미지 선생님이 자동차 앞에서 얼빠진 표정으로 서 있었다. 자동차는 앞 유리와 보닛에 우유가 튀어서 아주 엉망이었다. 최국일 선생님이 물었다.

"이게 무슨 일입니까?"

김미지 선생님이 겁에 질린 표정으로 대답했다.

"누가 제 차에 우유를 던졌나 봐요. 여기 앞 유리에 우유를 정통으로 맞은 자국 보이시죠. 누군지 몰라도 있는 힘껏 집어 던진 게 확실해요. 정말 소름 끼치고 무서워요. 누가 나쁜 감정을 가지고 저를 해코지하려 한 거면 어쩌죠?"

"진정하세요, 선생님. 어떻게 된 일인지 좀 살펴보겠습니다."

"우선 경찰에 신고할까요?"

"물론 정 필요하면 신고해야겠죠. 다만, 선생님께서 괜찮으시다면 신고하기 전에 제가 직접 조사해 봐도 될까요?"

김미지 선생님은 잠시 고민하다가 고개를 끄덕였다.

"네. 별일 아닐 수도 있으니까요. 하지만 조금이라도 문제가

있다면 바로 경찰을 불러 주세요."

"물론입니다. 그럼 뒷일은 제게 맡기고, 선생님께서는 잠시 쉬고 계시죠. 뭐라도 나오면 바로 알려 드리겠습니다."

최국일 선생님이 듬직하게 약속했다. 김미지 선생님이 자동차 키를 꺼내 최국일 선생님에게 건넸다.

"선생님만 믿고 있을게요. 잘 부탁드려요."

김미지 선생님이 자리를 떠나고 최국일 선생님과 과학 추리반만 남았다. 선생님은 딱딱하게 굳은 얼굴로 아이들에게 말했다.

"다들 잘 들었지? 오늘 수업은 다음으로 연기해야겠다. 모두 한눈팔지 말고 곧장 집으로 돌아가렴."

지민이는 마음이 급해졌다. 이대로 물러설 수는 없었다. 과학 추리반의 명예가 걸린 일 아닌가.

"선생님, 저희도 선생님과 함께 사건을 조사할 수 있게 허락해 주세요."

"안 돼."

선생님은 단호하게 선을 그었다.

"이건 실험이 아니라 실제 사건이야. 자칫 위험할 수도 있어."

그러나 지민이는 물러서지 않았다. 필사적으로 선생님을 설득했다.

"위험하지 않아요! 선생님께서는 탐정 자격증을 갖고 계시잖아요."

"정확히 말하면 민간 조사원 자격증이란다. 그리고 내가 아무리 뛰어나도 나 혼자서 너희 모두를 안전하게 보호하기는 어렵단다."

"그럼 견학만 하게 해 주세요!"

"견학?"

생각지도 못한 단어가 튀어 나오자 선생님은 잠시 어리둥절한 표정이었다. 지민이는 이때다 싶어 열심히 설명했다.

"선생님께서 분명히 말씀하셨잖아요. 추리야말로 종합적인 사고력을 키우는 활동이라고."

"음, 그랬지."

"그러니까요! 선생님께서 직접 추리하시는 모습을 견학하면서 저희도 추리를 배우고 싶다는 거죠. 애들아, 너희도 그렇게 생각하지?"

지민이는 현보와 해성이, 승아를 돌아보며 물었다. 현보와 해성이는 이게 뭔가 하는 표정으로 선뜻 입을 열지 못했다. 승아만 재빨리 눈치껏 대답했다.

"지민이가 말한 대로예요. 선생님의 추리를 보고 배우는 견학도 과학 추리반에서 중요한 활동이라고 생각해요."

말을 마친 승아는 현보와 해성이의 옆구리를 냅다 찔렀다. 두 아이는 화들짝 놀라며 얼른 고개를 끄덕댔다. 거기에 힘을 얻은 지민이는 더 열심히 선생님을 설득했다.

"절대 위험하지 않게 선생님 옆에 딱 붙어 있을게요. 저희에게 실전 추리를 가르쳐 주세요."

선생님은 한숨을 깊이 내쉬었다.

"그래, 좋다. 하지만 절대 내 옆에서 떨어지지 말고, 조심해야 한다. 내 허락 없이는 아무것도 만지면 안 되고, 멋대로 앞서 나가서도 안 돼. 약속할 수 있겠니?"

"네, 선생님!"

아이들은 우렁차게 대답했다. 그제야 선생님은 표정이 누그러졌다.

"그럼 먼저 범행이 일어난 시각을 정확히 알아보자. 어떻게 알 수 있을까?"

승아가 자동차 앞 유리를 가리켰다.

"블랙박스를 확인해 봐요."

"정답."

선생님이 자동차 문을 열고 운전석에 올라탔다. 아이들은 조수석과 뒷좌석에 나누어 탔다.

"블랙박스에는 이벤트 녹화와 상시 녹화가 있어. 차량에 충격이 가해지거나 주차 중 움직임이 감지되면 녹화되는 게 이벤트 녹화란다. 앞 유리로 우유가 날아왔으니 자동차에 충격이 가해졌을 테고, 분명히 이벤트 녹화 영상이 찍혔을 거야."

선생님은 이벤트 녹화 영상을 차례대로 재생했다. 첫 번째 영상에서는 선생님 한 분이 자동차 바로 앞을 지나갔다. 동작 감지로 녹화된 영상이었다. 두 번째도 마찬가지였다. 그러다가 세 번째 영상에서 갑자기 우유갑이 퍽 소리를 내며 앞 유리에 부딪혔고 우유가 사방으로 좍 퍼졌다.

"찾았다. 동영상이 찍힌 시간은 16시 12분, 즉 오후 4시 12분. 우리가 과학실에 있었을 때구나."

선생님은 영상을 다시 돌려 보았다.

"각도를 보니 우유갑은 하늘에서 날아왔어. 앞 유리와 부딪힌 충격의 강도로 보아 꽤 높은 곳에서 떨어진 것 같아."

선생님은 자동차에서 내려 위를 올려다보았다. 아이들도 얼른 자동차에서 내려 선생님을 따라 위를 보았다. 5층 건물 위로 난간이 둘러쳐진 옥상이 있었다.

"최소 4층 높이겠구나. 4층과 5층 복도, 그리고 옥상 입구에 있는 CCTV를 확인해야겠다."

선생님이 아이들을 돌아보며 말했다.

"사건의 진상을 파악하려면 항상 세 가지를 생각해야 해. 누가? 어떻게? 왜? 이걸 생각하며 하나씩 답을 찾아 가는 거야. 우유갑이 떨어진 시간 전후로 CCTV 영상을 확인하면 '누가' 우유갑을 던졌는지 알 수 있겠지. 방재실로 가자."

선생님은 아이들을 데리고 1층 방재실로 갔다. 방재실에는 CCTV 화면이 여러 개 있었다. 화면에서 학교 이곳저곳을 볼 수 있었다. 선생님은 방재실 의자에 앉아 있던 할아버지에게 꾸벅 인사했다.

"주무관님, 안녕하십니까? CCTV를 좀 볼 수 있을까요? 김미지 선생님의 자동차에 우유가 떨어져서 확인 좀 해 보려고요."

"저런, 어디를 보면 됩니까?"

"5층 복도 오후 4시 10분경 영상을 보여 주세요."

"알았습니다."

할아버지가 5층 복도의 CCTV 녹화 영상을 4시 10분부터 틀었다. 영상에는 딱히 이상한 점이 없었고, 평소처럼 아이들이 오가는 복도 모습이었다. 그래도 모두 유심히 영상을 지켜보았다. 마침내 4시 12분이 되었을 때였다.

"정지!"

선생님이 큰 소리로 외치며 손가락으로 영상 속 창문을 짚었다.

"보렴, 여기 뭔가가 찍혔지?"

"우유갑입니다요. 선생님, 우유갑이 분명합니다요!"

눈치 빠른 해성이가 재빨리 정답을 외쳤다. 그때 승아가 고개를 끄덕이며 중얼거렸다.

"과연……. 이래서 5층 복도 CCTV를 확인하셨군요."

"그게 무슨 말이야?"

지민이의 물음에 승아가 침착하게 설명했다.

"5층 복도 CCTV에 범인이 찍혔으면 그대로 확인 끝. 아무것도 안 찍혔으면 4층 CCTV를 확인하고, 지금처럼 떨어지는 우유갑이 찍혔으면 옥상 CCTV를 확인하면 되거든."

"아!"

지민이는 그제야 이해했다. 선생님이 한쪽 눈을 찡긋해 보였다.

"잘 알아차렸구나. 이번엔 옥상 입구 CCTV를 확인해 보자."

선생님은 할아버지에게 옥상 입구의 CCTV 녹화 영상을 부탁했다.

"주무관님, 3시 30분부터 빠르게 돌려 주세요."

옥상은 출입 금지 구역이라 굳게 닫힌 철문만 보였다. 정지 화면 같은 영상이 계속 이어지다가 4시가 되기 3분 전, 철문이 덜컹 열렸다. 지민이는 숨을 훅 들이쉬었다. 할아버지가 영상의 빠르기를 1배속으로 낮추었다. 철문이 서서히 열리고 두 아이가 모습을 드러냈다.

"정지!"

선생님의 외침에 할아버지가 영상을 멈추었다.

"얼굴을 조금만 확대해 주세요."

조금 흐릿하기는 해도 누구인지 충분히 알아볼 수 있었다. 모두가 잘 아는 얼굴들이었다. 지민이는 너무 기가 막혀서 저도 모르게 중얼거렸다.

"아니, 쟤들이 왜 저기서 나와?"

두 아이는 바로 윤라후와 이용빈이었다. 선생님은 할아버지에게 화면 캡처를 부탁하고 다시 영상을 재생했다. 라후 뒤를 따라 건물로 들어선 용빈이가 열쇠로 철문을 잠갔다. 그리고 둘은 아무 일도 없었다는 듯 계단을 내려갔다.

"저 아이들이 옥상 열쇠를 가지고 있었군. 주무관님, 이번에는 영상을 앞쪽으로 돌려 주시겠습니까? 아이들이 옥상으로 나가는 모습도 확인해야 하니까요."

할아버지는 빠르게 영상을 앞쪽으로 돌렸다. 변화 없는 화면이 계속되다가 3시쯤에 용빈이와 라후가 나타났다. 열쇠로 철문을 여는 라후 옆에 용빈이가 손에 우유를 들고 있었다. 지민이가 냉큼 손으로 화면을 가리키며 외쳤다.

"선생님, 이거 보세요. 용빈이가 우유를 들고 있어요!"

현보도 잇따라 외쳤다.

"용빈이와 라후가 범인이에요! 얘네가 우유를 던진 게 분명해요."

"그렇습니다요. CCTV에 찍힌 이상 빼도 박도 못 합니다요."

해성이도 소리 높여 맞장구쳤다. 그러나 승아는 입을 꾹 다물고 있었다. 선생님이 물었다.

"승아는 어떻게 생각하지?"

"좀 이상해요."

"뭐가 이상한지 말해 볼래?"

"분명 용빈이와 라후는 우유를 가지고 들어가서 빈손으로 나왔어요. 충분히 의심스러운 상황이죠. 그런데 용빈이와 라후가 옥상에서 나온 시각은 3시 57분이고, 우유갑이 김미지 선생님 차에 떨어진 시각은 4시 12분이에요. 무려 15분이나 차이가 나요."

승아의 말에 지민이는 뒤통수를 세게 얻어맞은 듯했다. 아무도 없는 옥상에서 우유갑이 저절로 떨어질 수는 없었다.

"맞아, 승아가 정확히 짚었어. 그래서 이 CCTV 영상은 용빈이와 라후에게 강력한 알리바이가 될 수 있단다. 우유갑이 떨어진 4시 12분에 용빈이와 라후가 옥상에 있지 않았다는 사실을 증명해 주거든."

선생님이 승아에 이어 설명했다. 하지만 지민이는 도저히 믿을 수 없었다.

"용빈이와 라후가 옥상에서 뭔 짓을 한 게 분명해요. 그러지 않고는 말이 안 돼요."

"지민이는 왜 그렇게 생각하지?"

"그거야 걔들이 우유갑을 가지고 들어갔으니까요. 나올 때는 빈손이었고. 선생님도 보셨잖아요."

"우유갑을 가지고 들어갔다는 사실만으로 범인이라고 단정할 순 없지. 라후와 용빈이가 김미지 선생님의 차에 우유갑을 던졌다는 증거는 없지 않니?"

지민이는 속이 답답했다. 용빈이와 라후는 4학년 과학 영재반에서 내로라하는 에이스였다. 둘이 과학전람회에 나가서 상을 타기도 했다. 그런 용빈이와 라후가 과학 추리반 선발 시험에서 떨어졌으니 얼마나 자존심이 상했을까.

"용빈이와 라후는 과학 추리반을 싫어해요. 오늘도 저한테 짝퉁 과학 영재반이라고 하더라고요. 과학 추리반 선발 시험에서 떨어진 분풀이로 심사위원이었던 김미지 선생팀 차에 우유 테러를 한 거겠죠."

"나한테도 그랬어."

"나도 들었어."

"저도 들었습니다요!"

승아, 현보, 해성이도 합세했다. 그러나 선생님은 고개를 저었다.

"그러면 못써. 증거도 없이 섣불리 범인으로 단정하면 안 된다고 했잖니."

"하지만 아까 선생님이 말씀하셨잖아요. 사건의 진상을 파악할 때는 '누가, 어떻게, 왜'를 생각해야 한다고요. '누가'는 용빈이와 라후, '왜'는 과학 추리반 선발 시험에서 떨어진 분풀이인 거잖아요. 그럼 남은 건 '어떻게'뿐이에요."

지민이도 굽히지 않고 열심히 주장을 펼쳤다. 선생님은 끝까지 듣고는 아주 엄한 목소리로 나무랐다.

"아니, 틀렸어. 지민이 네가 말하는 건 '그럴 수도 있다'에 불과한 가정이야. 동기는 결코 증거가 될 수 없어. 물론 의심할 수는 있지. 하지만 증거도 없이 의심만으로 추리하면 자칫 엉뚱한 사람을 범인으로 몰아가는 실수를 저지르게 돼. 절대 그렇게 추리하면 안 된단다."

듣고 보니 맞는 말씀이었다. 지민이는 시무룩해져서 반성했다.
"제 생각이 짧았어요. 죄송해요."

선생님이 지민이의 머리를 부드럽게 쓰다듬어 주었다.

"그렇다고 용빈이와 라후가 완전히 혐의에서 벗어났다고 할 수는 없어. 아직 미심쩍은 부분이 남아 있기 때문이지. 자, 지금부터 옥상으로 가서 현장을 확인해 보자. 분명 현장에서 단서를 찾을 수 있을 거야."

선생님은 자리에서 일어나며 또다시 당부했다.

"원래 옥상은 출입 금지 구역이라는 거, 알지? 이번만 특별히 선생님과 동행하는 조건으로 출입할 수 있게 하마. 그 대신 선생님 옆에서 절대 떨어져선 안 돼. 내가 허락하지 않는 한 옥상 난간에 가까이 가서도 안 되고, 위험한 행동을 해서는 절대 안 돼."

"네, 약속할게요."

아이들이 한목소리로 대답했다.

"선생님이 앞장설 테니 서두르지 말고 차분히 따라오너라."

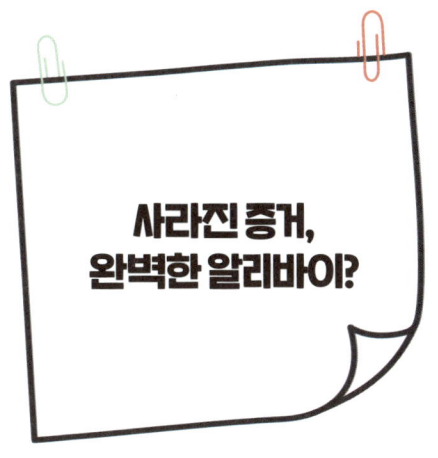

사라진 증거, 완벽한 알리바이?

 철문을 열자 탁 트인 하늘과 휑뎅그렁한 옥상이 보였다. 옥상에 처음 올라와 보는 아이들은 눈이 동그래졌다.
 "와, 넓다!"
 "선생님, 옥상을 찍어도 괜찮겠습니까요?"
 감탄하는 현보 옆에서 해성이가 액션캠을 들고 물었다.
 "선생님 옆에서 찍는 정도면 괜찮다."
 "감사합니다요!"
 선생님은 김미지 선생님이 자동차를 세워둔 방향으로 걸어갔다. 지민이와 승아는 말없이 따랐고, 현보와 해성이는 두리번대며 쫓아갔다.
 선생님은 난간 위아래를 꼼꼼히 살폈다. 난간 너머로 몸을 내밀고 살펴보기도 했다.

"지민아, 여기로 와 볼래?"

지민이가 얼른 선생님 옆으로 가 섰다. 선생님이 지민이를 훑어보며 물었다.

"네가 용빈이와 라후랑 키가 비슷하지?"

"용빈이는 저보다 조금 작고 라후는 조금 커요. 그건 왜요?"

"지민아, 난간 아래쪽이 보이니?"

그제야 지민이는 옥상 난간을 보았다. 난간의 높이가 거의 눈높이와 비슷해서 아래쪽이 보이지 않았다. 까치발을 하고 목을 쭉 빼도 잘 보이지 않았다.

"아뇨, 잘 안 보이는데요."

"역시 그렇구나."

선생님은 턱을 긁적이며 생각에 잠겼다. 그때 해성이가 손뼉을 짝 쳤다.

"아, 알았습니다요. 용빈이와 라후는 난간 아래쪽을 볼 수 없습니다요. 당연히 아래에 있는 김미지 선생님의 차도 못 보고 우유갑도 못 던졌을 겁니다요."

그러자 승아가 냅다 반박했다.

"그렇기는 해. 하지만 주차장에서 미리 김미지 선생님이 주차한 위치를 확인했다면 옥상에서 보이지 않아도 어디 있는지 알

수 있어. 그럼 우유갑을 정확하게 떨어뜨릴 수도 있고."

"하긴 듣고 보니 그렇습니다요."

기가 죽은 해성이는 얼른 꼬리를 내렸다. 지민이는 말없이 난간을 보았다. 용빈이와 라후가 정말 김미지 선생님의 자동차를 노렸을까?

"쿵쿵! 쿵쿵!"

갑자기 현보가 코를 벌름벌름했다. 현보는 상체를 숙이고 바닥 쪽 냄새를 맡았다.

"냄새가 난다, 냄새가 나. 이건……, 우유 냄새야!"

현보가 고개를 번쩍 치켜들고 선생님을 보았다.

"선생님, 여기 우유 냄새가 남아 있어요. 아마 바닥에 우유를 흘린 모양이에요."

과연 자세히 보니 바닥에 아주 연한 자국이 있었다. 살짝 희끄무레한 색으로 보아 우유 방울이 말라붙은 자국 같았다. 선생님이 고개를 끄덕였다.

"그래. 적어도 여기서 용빈이와 라후가 우유를 뜯은 건 사실이야."

지민이는 난간을 바라보았다. 용빈이와 라후가 우유갑을 뜯어 난간 위에 올려 둔 걸까? 그런데 어떻게 15분 뒤에 우유갑이 저절로 떨어지게 한 걸까?

"아!"

승아가 뭔가를 깨달은 듯 외쳤다.

"얼음! 얼음을 쓰면 돼요. 예전에 책에서 읽었는데요. 얼음이 녹는 시간을 이용하면 알리바이를 조작할 수 있댔어요. 말하자면 이런 거죠. 우유갑 아래를 얼음과 나무막대로 받치고 난간 위에 아슬아슬하게 세워 둬요. 시간이 지나면 얼음이 녹으면서 우유갑이 점점 기울어지잖아요? 그 상태로 얼음이 다 녹으면 우유갑은 난간 아래쪽으로 떨어지게 돼요!"

정말 놀라운 추리였다. 지민이와 현보, 해성이는 입을 쩍 벌리고 감탄했다. 선생님이 씩 웃으며 승아를 불렀다.

"매우 그럴듯하구나. 승아야, 잠깐 이리 와서 난간 위를 볼래?"

승아는 선생님 옆으로 가서 난간 위를 살폈다. 그러더니 어리둥절한 표정으로 고개를 갸우뚱했다.

"이럴 리가 없는데……. 왜 물이 없지?"

그 순간 지민이도 깨달았다. 얼음이 녹으면 물이 된다. 따라서 승아가 추리한 대로 용빈이와 라후가 얼음 트릭을 썼다면 얼

음이 녹은 흔적, 즉 물이 있어야 한다. 그새 말랐다면 물이 흐른 흔적이라도 있어야 한다. 하지만 난간 위에도 아래에도 주변 어디에도 뽀얀 먼지만 쌓여 있을 뿐 그런 흔적은 없었다.

그럼 역시나 용빈이와 라후는 범인이 아닌 걸까? 혹시 다른 방법은 없을까? 얼음처럼 우유갑을 받칠 수 있을 만큼 딱딱하되 시간이 지나면 서서히 작아지고 흔적이 남지 않는 물체라면……. 지민이의 머릿속에서 하얀 연기가 퐁! 피어올랐다.

"드라이아이스! 선생님, 드라이아이스예요. 드라이아이스를 사용하면 흔적이 안 남아요. 하얀 연기로 변해서 사라지니까요!"

선생님이 흥미롭다는 듯 지민이를 보았다.

"좋은 추리야. 드라이아이스는 이산화탄소가 영하 78.5°C에서 얼어 고체가 된 거지. 물질은 온도에 따라 고체, 액체, 기체로 형태가 변한단다. 고체가 액체로 변하는 현상을 '융해', 액체에서 기체로 변하는 현상을 '기화'라고 해. 반대로 기체가 액체로 변하는 현상은 '액화', 액체에서 고체로 변하는 현상은 '응고'라고 하지. 보통은 고체가 액체로, 액체가 기체로 변하는 과정을 거쳐. 반대 과정은 기체가 액체로, 액체가 고체로 변하고 말이야. 그런데 특이하게도 고체에서 바로 기체로 변하는 경우도 있단다. 드라이아이스가 대표적이지. 액체 상태를 거치지 않고 고체에서 바로 기체로 변하는데 이런 현상을 '승화'라고 해. 승화 과정을 거쳐 변화한 물질을 '승화성 물질'이라고 하지. 드라이아이스는 승화성 물질로, 상온에 두면 물과 같은 액체 상태가 되지 않고 곧바로 기체 상태, 즉 이산화탄소가 된단다."

"선생님, 드라이아이스 말고 승화성 물질이 또 있나요?"

옆에서 승아가 물었다.

"나프탈렌도 승화성 물질이야. 화장실이나 옷장에 방향제로 넣어 두는 물질이지."

"아, 박하사탕처럼 하얗게 생긴 거죠? 공중화장실에서 작은 그물망에 들어 있는 걸 봤어요!"

현보가 아는 체를 했다. 해성이는 액션캠을 들고 난간 쪽을 찍었다.

"하지만 이상합니다요. 아까 CCTV 영상에서는 용빈이와 라후가 우유만 들고 있었습니다요."

"미리 가져다 놓았을 수도 있잖아."

지민이의 말에 해성이가 검지를 까딱까딱 흔들었다.

"그럴 수는 없습니다요. 지민 님이라면 옥상에 드라이아이스를 가져와서 어떻게 녹지 않게 보관하겠습니까요?"

지민이는 그만 입을 다물고 말았다. 해성이 말이 맞았다. 분명히 용빈이와 라후는 옥상에 올라올 때 드라이아이스를 가지고 있지 않았다. 그리고 옥상에서 드라이아이스를 녹지 않게 보관할 방법도 없었다. 결국 얼음 대신 드라이아이스를 사용하는 트릭도 불가능하다. 그렇다면 우유갑은 왜 떨어졌을까? 우유갑 수수께끼는 도무지 풀릴 기미가 없었다.

그때 현보가 손을 번쩍 들었다.

"선생님, 저쪽을 좀 조사해도 될까요? 저기 뭔가 있는 것 같아요."

현보가 옥상 한구석을 가리켰고, 선생님은 흔쾌히 허락했다.

"그래, 다 같이 가 보자."

선생님과 아이들은 현보가 가리킨 곳으로 향했다. 현보가 구석 틈에 박혀 있던 비닐봉지를 찾아냈다. 비닐봉지 안에는 사용한 흔적이 있는 일회용 그릇과 빈 생수통이 들어 있었다. 현보는 일회용 그릇을 들고 킁킁 냄새를 맡았다.

"우유 냄새가 나. 여기에 우유를 따랐나 봐."

선생님은 현보에게서 일회용 그릇을 건네받았다. 손끝으로 그릇 바닥을 만져 보고는 흠! 소리를 냈다. 현보가 물었다.

"선생님, 이거 범인을 찾는 단서가 될까요?"

"그럼. 현장에 있는 모든 것이 단서란다. 사소한 것 하나라도 빠뜨려서는 안 되지."

선생님은 일회용 그릇을 다시 비닐봉지에 넣었다.

"충분히 살펴보았으니 이제 내려가자. 비닐봉지는 선생님이 보관하마."

'벌써? 아직 아무것도 해결하지 못했는데……'

과연 이대로 내려가도 될까. 지민이는 무거운 발걸음을 억지로 떼었다. 선생님이 아이들을 재촉했다.

"현보야, 해성아. 꾸물대지 말고 얼른 내려가자."

그런데 액션캠을 들고 꼼지락대던 현보와 해성이가 선생님에게 귓속말을 했다. 선생님은 고개를 끄덕끄덕했다.

"그래, 그렇게 해라."

"고맙습니다, 선생님!"

현보와 해성이가 한발 뒤로 빠졌다. 선생님은 지민이와 승아에게 말했다.

"너희 먼저 내려가 있을래? 선생님은 현보와 해성이를 데리고 갈게."

지민이가 투덜거리며 앞장 섰다.

"대체 남자들끼리 무슨 꿍꿍이래."

"그러게. 이따 오면 물어보자."

승아도 부루퉁한 표정이었다. 잠시 뒤, 지민이와 승아는 1층에서 선생님과 현보, 해성이를 만났다. 선생님이 말했다.

"얘들아, 모두 조심히 집에 돌아가고 내일 보자. 오늘 일은 다른 사람에게 비밀로 하고. 알았지?"

"네, 선생님. 안녕히 계세요."

모두 꾸벅 인사하고 돌아 나왔다. 지민이가 얼른 현보에게 붙었다.

"아까 옥상에서 선생님이랑 뭐 했어?"

승아는 해성이에게 달라붙었다.

"궁금하니까 빨리 말해."

현보와 해성이가 손가락으로 브이 자를 만들고는 씩 웃었다.

"선생님 허락을 받아서 트랩을 설치했어."

"옥상에 액션캠을 설치했습니다요."

"범인은 반드시 현장에 다시 온다잖아."

"기다려 보십시다요. 분명히 범인이 찍히게 될 겁니다요."

지민이와 승아는 어리벙벙했다. 분명히 좋은 생각인데 어쩐지 좀 섭섭했다.

"뭐야. 우리도 끼워 주지, 왜 너희끼리만 해."

지민이가 핀잔하자 현보와 해성이가 멋쩍은 듯 어깨를 으쓱했다.

"너희가 평소에 활약을 많이 하잖아."

"그래서 우리도 뭔가 도움이 되고 싶었습니다요."

지민이와 승아는 말문이 턱 막혔다. 해성이가 의기양양하게 한마디를 보탰다.

"영상은 내일! 급식 먹고 같이 확인하겠습니다요. 모두 동아리실로 집합입니다요!"

　다음 날, 과학 추리반은 급식을 먹고 동아리실에 모였다. 승아가 먼저 입을 열었다.
　"오늘 용빈이랑 라후 둘 다 급식 안 먹고 어디 가더라고."
　승아는 용빈이, 라후와 같은 반이다. 지민이 머릿속에서 의심이 뾰족하게 솟았다.
　"혹시 증거를 없애려고 간 건 아니겠지?"
　그러자 해성이가 자리에서 벌떡 일어났다.
　"그럼 우리도 옥상으로 갑시다요."
　"옥상은 학생 출입 금지 구역이잖아. 잠겨서 몰래 들어가지도 못해."
　지민이의 지적에 해성이는 가슴을 쫙 펴고 당당히 답했다.

"선생님께 열어 달라고 하면 됩니다요. 자자, 빨리 교무실로 출발합시다요!"

아이들은 우르르 교무실로 몰려갔다. 최국일 선생님이 옥상 입구까지 함께 와서 철문을 열어 주었다. 해성이가 잽싸게 옥상으로 나가더니 전날 설치해 둔 액션캠을 들고 돌아와 의기양양하게 말했다.

"선생님, 범인은 반드시 현장으로 돌아오는 법이 아니겠습니까요?"

"보통은 그렇다고 하지."

"그래서 제가 타임랩스 기능으로 영상을 찍었습니다요! 짠, 지금부터 영상에 뭐가 찍혔는지 같이 확인해 봅시다요."

"그래, 한번 보자꾸나."

선생님의 허락이 떨어지자 해성이가 영상을 재생했다. 타임랩스는 일정한 시간 간격을 두고 찍은 다음 영상을 압축하는 기법이다. 그래서 긴 시간에 걸쳐 일어나는 일을 단시간으로 압축해서 보여 준다. 옥상 한구석에 옹기종기 모여 앉은 선생님과 아이들은 두 눈을 동그랗게 뜨고 영상에 집중했다. 빠르게 재생되는 영상 속 풍경에는 특별한 변화가 없었다. 그러다가 해가 지고 어슴푸레해질 무렵이었다. 옥상 구석에서 움직이는 형체가 감지되었다. 긴 꼬리를 흔들며 네 발로 걸어 나오는 그 형체는 바로 고양이였다.

"고양이?"

승아와 지민이가 동시에 외쳤다. 마침 고양이가 액션캠 쪽을 돌아보았다. 동그란 두 눈이 마치 레이저를 쏘듯 번쩍였다. 현보가 신기한 듯 중얼거렸다.

"고양이가 어떻게 옥상까지 올라왔지?"

"고양이는 어디든 갈 수 있습니다요. 높은 곳도 좁은 곳도 고양이가 못 가는 곳이 없습니다요."

하기야 고양이는 작은 틈새로 잘도 빠져나가고 높은 곳도 발판만 있으면 잘만 뛰어 올라간다. 나무뿐만 아니라 벽을 타고 올라가는 고양이도 있다. 해성이는 손가락으로 사방을 가리켜 가며 설명을 계속했다.

"우리 학교 건물에는 창문마다 난간도 있고, 빗물받이도 있고, 늘어진 전선도 있습니다요. 고양이가 얼마든지 밟고 올라올 수 있습니다요."

승아도 맞장구쳤다.

"맞아. 고양이한테 옥상에 올라오는 것 정도는 식은 죽 먹기야."

"선생님, 지민 님, 승아 님, 현보 님."

해성이가 자못 진지하게 모두를 보았다.

"제가 영상을 보고 한 가지 가설을 세웠습니다요. 한번 들어 보시겠습니까요?"

모두 고개를 끄덕였다.

"어떤 가설일지 매우 궁금한데? 차근차근 설명해 보렴."

"고맙습니다요."

해성이가 영상 속 고양이를 가리키며 모두에게 물었다.

"우리 학교 건물은 5층입니다요. 5층 위 옥상까지 고양이가 올라온 이유가 뭐라고 생각합니까요?"

"우유를 먹으러 온 거야!"

현보가 제 코를 톡톡 두드리며 자신 있게 말했다.

"내 초후각이 알려 주고 있어. 어제 발견한 일회용 그릇 있잖아? 누군가가 그 그릇에 우유를 담아서 고양이에게 준 거야. 그래서 일회용 그릇에서 우유 냄새가 나는 거지."

"그래, 길고양이에게 먹이를 주면 그 장소를 기억하고 다시 찾아오곤 한다더라."

승아도 말했다.

"하지만 고양이를 잘 아는 사람이라면 일반 우유가 아니라 펫밀크를 줬을 거야. 고양이는 사람이 먹는 우유를 먹으면 탈이 나거든."

해성이가 딱 소리를 야무지게 내며 손가락을 튕겼다.

"맞습니다요. 고양이는 누군가가 따라 준 우유를 먹으러 옥상까지 올라온 겁니다요. 고양이에게 우유를 준 누군가는 고양이를 좋아하지만 잘 알지는 못하는 사람일 확률이 높습니다요. 고양이를 키워 본 경험이 없고 길고양이 먹이 봉사 경험도 없다고 봐야 합니다요. 그래서 생각해 보았습니다요."

해성이는 검지를 치켜들고 가설을 펼쳤다.

"이용빈과 윤라후는 고양이를 매우 좋아합니다요. 우연히 옥상에서 배고픈 길고양이에게 먹이를 한 번 주었는데 그 뒤로 길고양이가 계속 옥상에 올라오게 되었습니다요. 이용빈과 윤라후는 먹이를 찾는 길고양이를 외면하지 못했습니다요. 그래서 따로 먹이를 사서 길고양이에게 줬습니다요. 어제 이용빈이 들고 온 우유도 바로 길고양이게 주려고 가져온 것입니다요."

해성이는 확신을 담아 외쳤다.

"따라서 범인은 고양이입니다요!"

"에? 고양이가 어떻게 우유를 떨어뜨려?"

"아닙니다요. 충분히 가능합니다요."

해성이가 영상을 가리켰다. 영상 속 고양이는 난간 위로 훌쩍 올라가 사뿐사뿐 걷다가 멈춰 앉아 꼬리를 살랑대고 있었다.

"만약 용빈이와 라후가 일회용 그릇에 우유를 따라 주고 남은 우유갑을 난간 위에 놓았다고 생각해 봅시다요. 고양이가 우유를 먹는 동안 지켜보고 다 먹은 그릇을 치우고 하다가 그만 난간 위에 둔 우유갑을 깜빡했을 수도 있잖습니까?"

"그럼 해성이 너는 고양이가 난간 위를 다니다가 우유갑을 건드려서 떨어뜨렸을 수도 있다는 말을 하고 싶은 거야?"

지민이는 여전히 믿기지 않는 얼굴이었다. 하지만 해성이는 물러서지 않았다. 또박또박 힘 있게 주장했다.

"물론 가설이지만 그럴 확률이 아주 높다고 봅니다요."

짝짝짝! 선생님이 손뼉을 쳤다.

"정말 대단하구나. 해성아. 정황 증거만 가지고 이런 가설을 끌어내다니 놀라워."

"과학 추리반이라면 당연합니다요."

해성이가 어깨를 과장되게 으쓱해 보였다. 선생님은 아직도 못 미더워하는 아이들을 돌아보며 말했다.

"안 그래도 너희에게 할 말이 있단다. 용빈이와 라후의 담임 선생님이 도와주셔서 오늘 급식 시간 전에 두 아이를 만나 이야기를 나눴어. 해성이의 가설대로 어제 용빈이와 라후는 고양이에게 우유를 주려고 옥상에 갔다고 말하더구나. 고양이가 먹다 남은 우유를 버리고 빈 그릇을 치우느라 우유갑을 난간 위에 놓아두고 내려왔대. 그래서 선생님은 이 영상에 나오듯 고양이가 건드렸거나 강한 바람이 불어서 떨어졌으리라고 짐작했지."

선생님의 이야기를 들은 아이들은 눈이 휘둥그레졌다. 그중에서도 현보와 해성이는 입을 비죽이며 따졌다.

"그럼 선생님은 다 아시면서도 가만히 보고 계셨어요? 우아, 어떻게 그러실 수 있어요?"

"현보 님 말이 맞습니다요. 선생님, 진짜 너무합니다요."

"허허, 어제 현보와 해성이가 액션캠을 설치했잖니. 너희가 영상에서 어떤 단서를 얻어서 어떻게 추리할지 지켜보려고 그런 거야."

승아도 샐쭉하게 물었다.

"지켜보니 어떠셨는데요?"

선생님은 양손 엄지를 척 들었다.

"역시 내 제자들다웠다. 아주 멋있고 대단하고 자랑스럽구나."

아낌없는 칭찬에 아이들은 조금 쑥스러워졌다. 비죽 나왔던 입이 슬그머니 들어가고 뾰족하게 올라갔던 눈이 순하게 내려갔다. 선생님은 아이들의 어깨를 가볍게 토닥였다.

"자자, 이제 내려가자. 옥상에 너무 오래 있으면 안 돼."

바로 그때 지민이 머릿속에 한 가지 의문이 떠올랐다.

"선생님, 용빈이와 라후는 어떻게 옥상 열쇠를 가지고 있었어요?"

원래 옥상은 출입 금지 구역이다. 용빈이와 라후처럼 옥상 열쇠를 가지고 마음대로 들락여서는 안 된다. 선생님은 뒷머리를 긁적이며 설명했다.

"용빈이가 4학년 때 과학 영재반 반장이었더구나. 옥상에서 태양의 고도를 측정하는 실험을 할 때 담당 선생님이 용빈이에게 열쇠를 맡기고 잊어버리셨대. 용빈이도 가방에 넣어 두고 잊었다더라. 행정실에서는 여분의 열쇠가 있어서 단순 분실로 처리했고. 그러다가 얼마 전에 용빈이가 우연히 가방에서 옥상 열쇠를 찾았다더군. 용빈이는 과학 추리반의 동아리실이 부러웠던 모양이야. 라후와 함께 옥상을 동아리실처럼 몰래 사용했다고 하더구나. 아, 오늘 용빈이와 라후는 담임 선생님한테 아주 혼이 났단다. 출입 금지 구역을 마음대로 들락거린 데다 옥상 열쇠를 반납하지 않아서 말이야. 당연히 열쇠도 압수당했지."

마침내 모든 수수께끼가 풀렸다. 용빈이와 라후는 억울한 누명을 피한 대신 그동안의 잘못이 탄로 나서 따끔히 혼이 났다. 김미지 선생님의 자동차에 날아든 우유는 누군가의 악의가 아니라 우연한 사고였다.

"모두 잘 해결돼서 다행이에요. 특히 이번 사건은 해성이 덕분에 해결할 수 있었어요."

지민이가 칭찬하자 현보와 승아도 한마디씩 했다.

"맞아, 이번 사건의 1등 공신은 해성이야."

"맨날 영상만 찍는 줄 알았는데 추리도 잘하더라. 오늘 좀 대단했어."

칭찬을 받아 한껏 밝아진 해성이가 두 손을 높이 들고 소리쳤다.

"오예! 신이 납니다요. 모두 고맙습니다요. 우리 과학 추리반 만세입니다요!"

지민이의 과학 노트

과학 추리반을 모함하는 용빈이와 라후가 우유 테러 사건의 범인이라고 생각했지만, 범인은 고양이였어. 생각해 보면 허점투성이였는데, 답을 정해 놓고 꿰맞추기식 추리를 했지 뭐야. 과학적 추리는 답을 찾아 가는 과정이지 정해진 답에 맞는 방법을 찾는 게 아니야! 주변을 잘 살펴보고 다양한 가능성을 염두에 두어야 해. 이번 일로 나도 우리 과학 추리반도 큰 교훈을 얻었어.

물질의 상태는 어떻게 변할까요?

일반적으로 물질은 고체, 액체, 기체의 세 가지 상태로 구분할 수 있어요.

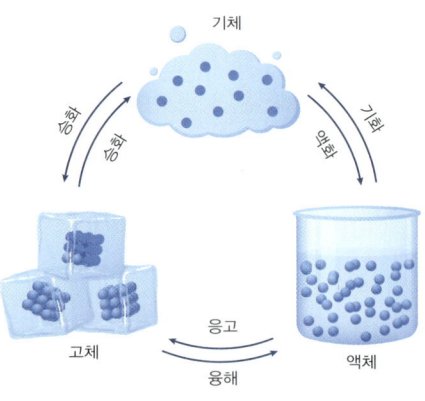

- **고체**: 나무토막처럼 일정한 모양과 부피를 가지고 있는 물질의 상태를 말해요. 고체 상태에서는 물질을 이루는 분자 사이의 거리가 가깝고, 규칙적으로 배열되어 있기 때문에 형태와 부피가 쉽게 변하지 않아요.
- **액체**: 주스처럼 담는 그릇에 따라 모양이 바뀌지만, 양은 변하지 않는 물질의 상태를 말해요. 액체 상태에서는 분자들이 비교적 불규칙하게 배열되어 있기 때문에 담는 그릇에 따라 모양도 바뀌게 되지요.
- **기체**: 분자들 사이가 멀고, 자유롭게 이동하기 때문에 일정한 모양과 부피를 갖지 않고 그릇을 항상 가득 채우는 물질의 상태를 말해요.
- **승화**: 드라이아이스처럼 고체에 열을 가하면 바로 기체로 변하는 과정.

- **기화**: 물이 증발하는 것처럼 액체가 열을 받아 기체로 변하는 과정.
- **액화**: 여름철 차가운 음료수 잔 표면에 물기가 생기는 것처럼 기체가 액체로 변하는 과정.
- **융해**: 얼음이 녹는 것처럼 고체가 액체로 변하는 과정.
- **응고**: 물이 어는 것처럼 액체가 고체로 변하는 과정.

제4의 물질 상태 플라스마

물질은 기체, 액체, 고체 말고 다른 상태도 있어요. 바로 플라스마 상태입니다. 기체를 고온으로 가열하면 원자의 더 작은 물질인 양이온과 전자가 분리되어 이온 상태가 됩니다. 이를 플라스마 상태라고 해요. 태양은 표면 온도가 거의 6,000°C로 플라스마 상태입니다. 네온사인이나 형광등 속에도 플라스마 상태의 기체가 들어 있답니다.

함께 실험해 봐요!

드라이아이스 로켓 만들기

준비물: 필름통, 드라이아이스 조각
※ 드라이아이스는 맨손으로 만지면 위험하니 반드시 어른들에게 도움을 요청하세요.

아이스크림 케이크를 사면 드라이아이스를 채운 박스에 담아 주지요? 드라이아이스는 승화성 물질로, 실온에 두면 단단한 고체 형태에서 기체인 이산화탄소로 변하며 작아진답니다.

1. 포크 등을 사용해서 드라이아이스 덩어리를 조각냅니다.
2. 필름통에 드라이아이스를 넣고 뚜껑을 닫아 뚜껑이 아래쪽으로 오게 세우세요.
3. 멀리서 기다리면 끝!

잠시 후 뻥 소리와 함께 필름통 로켓이 발사되어 공중으로 날아갈 거예요. 이런 일은 왜 일어날까요? 밀폐된 필름통 안에서 드라이아이스는 이산화탄소인 기체로 마구 변해요. 기체가 가득 찰수록 필름통 안쪽의 압력이 커져서 마침내 뚜껑을 힘차게 밀어내죠.

7장

과학 추리반을 지켜라!

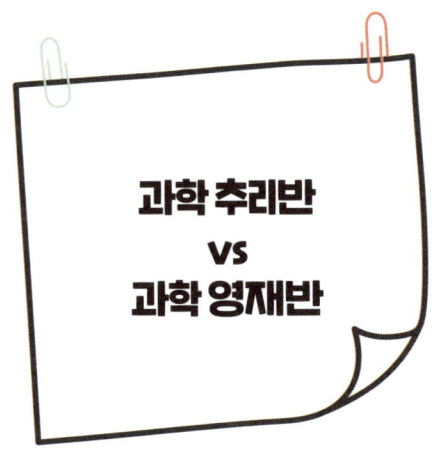

과학 추리반 vs 과학 영재반

"얘들아, 할 이야기가 있단다."

최국일 선생님이 평소와 달리 딱딱하게 굳은 얼굴로 동아리실에 들어왔다.

"선생님, 무슨 일이에요?"

지민이가 눈치를 보며 물었다.

"우리 과학 추리반의 미래가 달린 아주 중요한 일이지."

선생님은 한숨을 푹 내쉬며 편지를 꺼냈다.

"6학년 과학 영재반 아이들이 보낸 편지란다."

5학년 과학 추리반에게

국일초등학교 6학년 과학 영재반은 5학년 과학 추리반이 다시 과학 영재반으로 돌아가기를 요구한다. 그 이유는 다음과 같다.

1. 원래 과학 영재반은 스무 명으로 운영된다. 그러나 과학 추리반은 단 네 명밖에 안 되니 너무 적다. 과학 영재반으로 돌아가 지금보다 많은 아이들이 영재 수업을 받게 해야 한다.
2. 과학 추리반은 과학 수업보다 사건 해결이라는 탐정 놀이에 빠져 있다. 이는 바람직하지 않다. 탐정 놀이를 그만두고 과학 수업에 충실하려면 하루빨리 과학 영재반으로 돌아가야 한다.
3. 과학 추리반은 동아리실이라는 지나친 특혜를 누리고 있다. 스무 명이나 되는 과학 영재반도 동아리실이 없다. 그런데 겨우 네 명밖에 안 되는 과학 추리반이 동아리실을 사용하는 것은 부당한 특혜다.

위와 같은 이유로 6학년 과학 영재반은 5학년 과학 추리반이 즉각 동아리실을 반납하고 과학 영재반으로 돌아가기를 촉구한다.

6학년 과학 영재반 일동

선생님은 머리가 아픈 듯 손으로 관자놀이를 짚었다.

"사실 6학년 과학 영재반을 담당하시는 조왕수 선생님이 과학 추리반을 매우 강력하게 반대하고 계셔. 교무회의에서 정식으로 과학 추리반 활동 중지를 요청하셨단다."

"네? 그, 그게 무슨 말씀이세요?"

아이들은 너무 놀라 입이 쩍 벌어졌다. 선생님은 답답한지 또 한숨을 쉬었다.

"자세하게 말할 수는 없지만, 조왕수 선생님은 과학 추리반이 공부는 안 하고 놀기만 한다고 생각하시더구나. 이대로 두면 내년에 너희가 6학년이 됐을 때 과학 공부를 어려워하거나 아예 포기할지도 모른다는 거야. 그래서 하루라도 빨리 과학 추리반

을 없애고 다시 과학 영재반을 운영해야 한다고 주장하셨어."

아이들은 할 말을 잃었다. 물론 지금 과학 추리반은 사건 의뢰를 받아 해결하는 등 교과서 밖에서 일어나는 활동을 하고 있다. 그렇다고 과학 공부를 하지 않는 건 아니다. 수요일마다 꼬박꼬박 선생님과 수업을 하고, 사건을 해결하는 과정에서 과학 지식을 배우기도 한다. 그런데 공부는 안 하고 놀기만 한다니, 정말 너무나도 억울했다!

선생님은 망설이다가 어렵게 입을 열었다.

"물론 과학 추리반을 지키는 방법이 한 가지 있단다. 6학년 과학 영재반과 과학 실험 대결을 해서 이기면 돼."

"네? 과학 실험 대결이요?"

아이들이 놀라서 물었다.

"그래. 6학년 과학 영재반 스무 명이 네 명씩 다섯 팀, 5학년 과학 추리반 네 명이 한 팀으로 총 여섯 팀이 과학 실험 대결을 하는 거지. 실험 문제는 교장 선생님께서 직접 내시기로 하셨어. 문제는 총 두 개, 첫 번째 문제를 맞힌 선착순 두 팀에게만 두 번째 문제를 풀 자격이 주어지지. 너희가 두 번째 문제까지 맞히고 최종적으로 우승하면 과학 추리반을 지킬 수 있어."

아이들은 순식간에 어깨가 축 처졌다.

"6학년 과학 영재반이 한 팀도 아니라 다섯 팀……?"

"우린 망했습니다요. 6학년을 어떻게 이깁니까요."

현보와 해성이가 넋 나간 듯 중얼거렸다. 승아는 아예 말이 없었다. 지민이도 뭐라 할 말이 없었다. 하지만 한 가지는 분명했다. 이대로 과학 추리반이 없어지도록 놔둘 수는 없었다. 물론 동아리실을 빼앗기기도 싫었다. 지민이는 주먹을 불끈 쥐었다.

"얘들아, 우리 해 보자!"

짧은 시간이지만 과학 추리반 소속이라는 데 뿌듯함과 자부심을 느꼈다. 현보, 해성이, 승아와 같은 좋은 친구들과 소중한 추억도 쌓았다. 지금까지와 다르게 과학을 배우고 이해하는 과학 추리반의 수업도 좋았다. 이 모두를 지민이는 결코 포기할 수 없었다.

"우리가 6학년을 이기면 되잖아. 이겨서 과학 추리반도, 동아리실도 지키자고."

"우리가 할 수 있을까?"

현보가 시무룩하게 물었다. 지민이는 현보의 어깨를 토닥이며 용기를 북돋웠다.

"그럼! 난 우리가 이길 수 있다고 믿어."

"나도 믿어 볼래."

승아가 지민이 편을 들었다.

"어디 한번 해 보자고."

"저도 믿습니다요."

해성이도 손바닥을 치며 찬성했다. 현보만 아직 기가 죽어 있었다. 지민이가 현보에게 손을 내밀었다.

"현보야, 괜찮아. 지금까지 우리 넷이 풀지 못한 문제는 없었잖아. 이번에도 멋지게 풀어내 보자."

현보는 지민이의 얼굴과 손을 번갈아 보고는 못 이기는 척 손을 맞잡았다.

"네 말이 맞아. 우리가 함께 풀지 못한 문제는 없었지. 그러니 나도 우리를 믿어 볼게."

드디어 과학 추리반 아이들이 한마음 한뜻으로 뭉쳤다. 이 모습을 흐뭇하게 지켜보던 선생님이 나섰다.

"흠흠, 정말 이 선생님은 과학 추리반이 자랑스럽다. 선생님도 이번 과학 실험 대결에서 과학 추리반의 최종 승리를 확신한단다. 다만, 두 가지 조언을 해 주고 싶구나. 첫째는 항상 꼼꼼히 관찰하고 생각하라는 거야. 원인은 뭔지, 잘못된 것은 없는지, 더 좋은 방법이 있는지 끊임없이 관찰하고 생각해야 해. 그게 추리의 기본이란다. 둘째는 협동이야. 노벨상을 받는 과학자들도 계속 다른 사람과 의견을 나누고 도움을 받아서 연구한단다. 혼자서 연구할 때보다 훨씬 좋은 결과를 얻을 수 있거든."

아이들은 진지한 표정으로 고개를 끄덕였다.

"네!"

"과학 실험 대결은 다음 주 토요일 과학실에서 치러진단다. 그때 보자꾸나."

쇠구슬과 이진법

　시간은 쏜살같이 흘러 어느새 결전의 날이 되었다. 별관 과학실에는 5학년 과학 추리반과 6학년 과학 영재반 아이들이 모두 모여 과학 실험 대결을 기다렸다. 대결 시작 시간이 되자 조왕수 선생님과 최국일 선생님이 과학실로 들어왔다. 조왕수 선생님은 두껍고 짙은 갈매기 눈썹에 눈이 부리부리했다.

　조왕수 선생님이 들어오자 소곤대던 6학년 선배들이 쥐 죽은 듯 조용해졌다.

　"예고한 대로, 오늘은 5학년 과학 추리반과 6학년 과학 영재반이 과학 실험 대결을 하는 날이다. 네 명씩 한 팀으로 5학년 과학 추리반은 한 팀, 6학년 과학 영재반은 다섯 팀이 참여한다. 오늘 대결에서 과학 추리반이 최종 우승을 하지 못하면 과학 영재반으로 변경된다. 반납하는 동아리실은 과학 영재반의 스터디룸으로 쓸 예정이다."

조왕수 선생님은 부리부리한 눈으로 6학년을 보았다.

"6학년 팀들에게는 전달 사항이 하나 더 있다. 다섯 팀 중 이번 과학 실험 대결에서 1위 한 팀이 곧 있을 초등학생 과학 실험 대회에 학교를 대표하여 나가게 된다. 따라서 6학년 다섯 팀은 모두 반드시 1위를 하겠다는 각오로 진지하게 대결에 나서 주기 바란다. 이상!"

조왕수 선생님이 한발 물러서며 최국일 선생님을 보았다.

"선생님도 한 말씀 하시지요."

최국일 선생님은 셜록 홈스 모자를 고쳐 쓰며 교탁 앞에 섰다.

"어쩌다 보니 5학년과 6학년이 함께 과학 실험 대결을 하게 되었군요. 하지만 대결에 학년은 중요하지 않죠. 오로지 실력뿐입니다! 정정당당하고, 멋진 대결을 펼쳐 주기를 바랍니다."

말을 마친 최국일 선생님이 뒤로 물러났다.

"선생님, 그럼 저는 나가 있겠습니다. 대결 감독을 잘 부탁드립니다."

"아주 공정하게 감독할 테니 걱정하지 마세요."

최국일 선생님이 나가자 조왕수 선생님이 가방에서 종이 뭉치를 꺼냈다.

"그럼 지금부터 국일초등학교 과학 실험 대결을 시작하겠다."

조왕수 선생님은 팀별로 종이를 한 장씩 나누어 주었다. 종이에는 과학 실험 대결의 첫 번째 문제가 적혀 있었다. 조왕수 선생님이 손목시계를 한 번 보고 외쳤다.

"제한 시간은 한 시간이다. 시작!"

국일초등학교 과학 실험 대결

여러분은 지금부터 최종 대결 장소를 찾아가야 한다. 최종 대결 장소는 신관 교실 가운데 하나로 다음 문제에 구체적인 위치를 알려 주는 정보가 숨겨져 있다. 제한 시간 내에 문제를 풀고 최종 대결 장소를 찾아라!

1. 상자 안에는 크기가 같은 쇠구슬 네 개와 막대자석이 있다. 쇠구슬의 무게는 100g, 101g, 102g, 103g이다. 구슬의 무게대로 배열하면 최종 대결 장소가 있는 층수가 보인다.
2. 건물 중앙 계단에 나침반이 있다. 이 나침반으로 북쪽 맨 끝에 있는 교실을 찾아서 문을 열면 된다.

※ 주의 사항

어떤 교실이든 문을 열 기회는 딱 한 번! 반드시 신중하게 선택하자.

결승에 오르는 팀은 선착순 두 팀! 꾸물댈 시간이 없다! 지금 바로 서두르자.

해성이가 상자를 열었다. 상자 안에는 쇠구슬 네 개와 막대자석 하나가 있었다. 쇠구슬은 표면에 각각 빨간색으로 '0, 0, 1, (2)'라고 쓰여 있었다. 현보가 쇠구슬을 손가락으로 가리켰다.

"영, 영, 일, 괄호 열고 이 괄호 닫고. 이거 암호야, 뭐야?"

모두 꿀 먹은 벙어리가 된 듯 한동안 말이 없었다.

"그냥 봐서는 모르겠어. 일단 문제지에 적힌 대로 쇠구슬을 무게 순서로 배열해 보자."

지민이의 제안에 해성이가 곤란한 표정을 지었다.

"지민 님, 쇠구슬 무게가 안 적혀 있습니다요. 어떻게 합니까요?"

"아……."

지민이도 아차 싶었다. 그때 현보가 양손에 쇠구슬을 턱 집어 들었다.

"어디 보자, 어느 쇠구슬이 더 무겁나."

현보는 쇠구슬을 양손에 쥐고 눈을 감았다. 자기 손으로 무게를 느껴 보려는 시도였다. 승아가 어이없다는 듯 말했다.

"됐어, 그만해. 가장 무거운 쇠구슬과 작은 구슬의 무게 차이는 겨우 3g뿐이야. 사람 손으로 느낄 수 있는 수준이 아니라고."

지민이도 한마디 거들었다.

"그래, 현보야. 설마 과학 실험 대결에 손대중으로 알 수 있는 문제를 냈겠어? 빨리 다른 방법을 찾아보자."

현보는 시무룩해져서 눈을 살그머니 떴다.

"그러게. 승아 말대로 진짜 무게 차이를 모르겠어."

현보는 쇠구슬을 상자 안에 도로 내려놓고 양쪽 손바닥을 펼쳤다.

"나 초촉각이라고 믿었는데……. 이 배신감!"

그때 해성이가 막대자석을 꺼내 들고 작게 속삭였다.

"자석을 이용하면 어떻겠습니까요? 저쪽 팀을 보니까 자석 가지고 뭔가를 합니다요."

해성이가 슬쩍 가리킨 쪽을 봤더니 막대자석을 이용하여 쇠구슬을 움직여보는 팀이 있었다. 지민이가 손가락을 튕기며 말했다.

"오, 제법 그럴듯해 보여. 자석을 쓰면 무거운 구슬보다 가벼운 구슬이 더 많이 끌려올 테니까. 쉽게 구분할 수 있겠지?"

지민이의 목소리가 다소 컸던 모양이다. 갑자기 그 팀 아이들이 고개를 홱 돌려 이쪽을 쳐다보았다. 한 팀원은 비꼬기까지 했다.

"과학 추리반이라더니 커닝반이었어? 자존심도 없이 남의 실험 방법이나 훔쳐보는 거야?"

윽! 지민이는 지레 뜨끔해서 입을 꾹 다물었다.

"오해예요."

내내 팔짱을 끼고 있던 승아가 삐딱하게 상대 팀원을 보았다.

"우리는 그런 멍청한 방법은 쓰지 말자고 이야기한 건데."

"뭐라고? 야!"

과학 추리반을 비꼬던 아이가 분을 참지 못하고 벌떡 일어났다. 그때 조왕수 선생님이 호통을 쳤다.

"거기! 실험하다 말고 지금 뭐 하는 거냐. 진지하게 임할 마음 없거든 당장 나가라."

"선생님, 쟤들이 커닝하려고 했어요."

"들키니까 저희더러 멍청하다고 했고요!"

상대 팀 아이들이 조왕수 선생님에게 마구 일러바쳤다. 하지만 조왕수 선생님은 눈썹 하나 까딱하지 않았다.

"커닝하다 들키면 당연히 탈락이지. 그러나 이처럼 가림막이 없는 공간에서 다른 팀의 실험 방법을 보는 정도를 커닝이라고 하기는 무리다. 게다가 이 문제는 실험 방법을 흉내 낸다고 해서 답을 맞힐 수 있는 유형이 아니야."

그러자 상대 팀은 투덜거리며 자리에 앉았다. 조왕수 선생님이 모두를 돌아보며 재촉했다.

"자자, 다들 정신 바짝 차리고 빨리 문제 풀어라! 선착순 두 팀에 들려면 서둘러야 해."

그때 한 팀이 손을 들고 물었다.

"선생님, 저희 다 풀었는데요. 밖에 나가도 돼요?"

"당연하지."

조왕수 선생님의 허락이 떨어지자 아이들은 벌떡 일어나 우르르 나갔다. 곧 다른 팀이 문제를 풀었는지 일어나서 밖으로 나갔다.

"어떡해! 다들 나가네. 이러다 우리만 남겠어."

현보가 초조한 얼굴로 발을 동동 굴렀다. 해성이도 조바심이 나는 눈치였다. 지민이 역시 마찬가지였다.

"걱정하지 마. 우리는 우리 스타일대로 하면 되니까."

승아는 차분하게 친구들을 다독였다.

"지금까지 문제가 생길 때마다 우리가 어떻게 했는지 생각해 봐. 현보는 초후각과 초미각으로, 해성이는 빠른 눈치로, 지민이는 뛰어난 이해력으로. 서로 부족한 부분을 도와 가며 답을 찾아 왔잖아. 이번에도 똑같아. 우리가 서로 힘을 모으면 반드시 답을 찾을 수 있어."

지민이는 찬물을 뒤집어쓴 듯 정신이 번쩍 들었다. 승아가 말한 대로였다. 다른 팀을 보고 괜히 안달복달할 필요 없었다. 과학 추리반은 과학 추리반만의 스타일대로 해야 맞았다.

"네 덕분에 정신이 돌아왔어. 고마워, 승아야."

승아가 고개를 끄덕이며 빙그레 미소를 지었다.

"역시 엄청나게 똑똑한 승아 님! 과학 추리반의 브레인이십니다요."

해성이가 양손 엄지를 척 치켜들었다.

"맞아, 나도 그렇게 생각해!"

현보도 고개를 세게 끄덕끄덕했다. 승아는 멋쩍은 듯 고개를 슬쩍 돌렸다. 그러고는 자리에서 일어나더니 과학실 수납장에서 윗접시 저울을 하나 꺼내 왔다. 윗접시 저울은 양쪽 접시에 물체를 올려서 무게를 비교할 수 있는 측정기구다.

"윗접시 저울로 쇠구슬의 무게를 비교해 보면 어때?"

승아의 의견에 해성이가 잠시 멈칫하는 기색을 보였다.

"승아 님, 혹시 모르니까 이걸 써도 되는지 선생님께 여쭙시다요."

그러는 동시에 손을 번쩍 들고 조왕수 선생님에게 질문했다.

"선생님, 윗접시 저울을 써도 됩니까요?"

조왕수 선생님은 고개를 저으며 짧게 답했다.

"안 돼."

"왜요? 저울을 쓰면 안 된다는 말씀은 없었잖아요?"

승아가 따져 물었지만 조왕수 선생님은 엄중한 어조로 반복했다.

"너희가 저울을 쓰면 다른 팀도 쓰게 된다. 너도나도 저울을 쓰면 팀별 과학 실력의 차이를 어떻게 심사하지? 그래서 안 된다는 거다."

끙. 선생님의 말씀도 일리가 있었다. 승아는 불만 가득한 얼굴로 입을 다물었다. 하지만 아직 포기하기는 일렀다. 윗접시 저울을 사용할 수는 없지만 마침 지민이가 아주 좋은 생각을 떠올렸기 때문이다. 단순히 무게만 비교하는 거라면 양팔 저울도 상관없다. 양팔 저울쯤이야, 직접 만들면 된다!

"선생님, 그럼 칼과 스카치테이프를 쓰는 정도는 괜찮겠죠?"

"그래."

"고맙습니다!"

허락이 떨어지자마자 지민이가 말했다.

"우리 양팔 저울을 만들자."

현보와 해성이가 눈을 동그랗게 뜨고 물었다.

"양팔 저울? 양팔 저울을 우리가 어떻게 만들어?"

"그게 가능합니까요?"

"할 수 있어. 해성이 너는 칼과 스카치테이프를 가져다주고, 현보는 가방에서 페트병을 꺼내 줘."

"알았습니다요!"

해성이는 바로 수납장으로 달려갔지만, 현보는 주춤주춤했다.

"나 페트병 없는데?"

"너 아까 사이다 마셨잖아. 다 봤으니까 얼른 꺼내."

"힝."

현보는 울며 겨자 먹기로 가방에서 페트병 두 개를 꺼냈다. 하나는 사이다, 다른 하나는 생수가 담긴 페트병이었다. 생수는 거의 마셨고 사이다는 반쯤 마셨다. 지민이가 사이다병을 들고 물었다.

"현보야, 이 사이다 버린다?"

"안 돼! 다, 당장 마실게."

현보는 눈이 두 배쯤 커지며 냉큼 사이다병을 채 갔다. 그와 동시에 해성이가 쪼르르 돌아왔다.

"자, 여기 칼과 스카치테이프 가져왔습니다요."

지민이는 해성이에게서 칼과 스카치테이프를 건네받으며 현보를 재촉했다.

"지금 급하다니까?"

"잠깐만, 금방 줄게."

현보는 고개를 뒤로 젖히고 입을 딱 벌리더니 사이다를 마시기 시작했다. 쭉쭉! 반쯤 남아 있던 사이다가 순식간에 현보의 입속으로 사라졌다.

"캬, 이럼 됐지?"

현보가 한 손으로 입을 훔치며 빈 페트병을 건넸다. 지민이는 새삼 감탄했다. 이 또한 재주라면 재주였다.

"그럼 지금부터 양팔 저울을 만들게."

지민이는 칼로 페트병 아랫부분을 쓱쓱 잘랐다. 그러자 작은 플라스틱 접시 두 개가 뚝딱 만들어졌다. 그런 다음 스카치테이프를 똑같은 길이로 여섯 개 잘랐다. 플라스틱 접시 하나당 테이프를 세 개씩 붙이고, 필통에서 꺼낸 20센티미터짜리 자의 양 끝에 테이프를 붙여 고정했다. 그런 후 자 한가운데를 손가락 위에 올리자 갸우뚱하다가 중심이 잡혔다. 보기에는 좀 부실해도 틀림없는 양팔 저울이었다.

"짠, 이러면 쇠구슬 무게를 비교할 수 있겠지?"

지민이가 직접 만든 양팔 저울을 자랑스럽게 내보였다. 현보와 해성이는 감탄하며 손뼉을 짝짝 쳤다.

"헐! 지민 님, 최고이십니다요."

"멋지다, 지민아."

승아도 고개를 끄덕이며 맞장구쳤다.

"저울을 직접 만들 생각을 하다니 정말 대단해. 그럼 이제 양팔 저울에 쇠구슬을 올려 보자."

승아가 쇠구슬을 양팔 저울 양쪽에 두 개씩 올려 놓았다.

"쇠구슬은 무게가 100g, 101g, 102g, 103g라고 했어. 두 개씩 넣었을 때 양팔 저울이 평형을 이루면 양쪽 무게가 같다는 말이지. 다시 말해 한쪽은 100g, 103g이고 다른 쪽은 101g, 102g이라는 뜻이야."

승아는 쇠구슬을 요리조리 바꿔 올리며 양팔 저울의 평형을 맞추었다.

"찾았다!"

드디어 양팔 저울이 평형을 이루었다. 승아는 쇠구슬을 꺼내서 같은 쪽에 들어 있던 쇠구슬 두 개를 양쪽에 하나씩 올렸다. 양팔 저울이 한쪽으로 기울어 쇠구슬을 무거운 것과 가벼운 것으로 나눌 수 있었다. 다른 쪽에 있던 쇠구슬도 똑같은 방법으로 무거운 것과 가벼운 것으로 나누었다. 그런 다음에는 무거운 것끼리, 가벼운 것끼리 한 번씩 더 무게를 비교했다.

"이제 가벼운 것부터 나열해 볼게."

승아는 가벼운 쇠구슬부터 구슬에 쓰인 숫자가 보이게 배열했다. 현보가 쇠구슬이 놓인 순서대로 숫자를 읽었다.

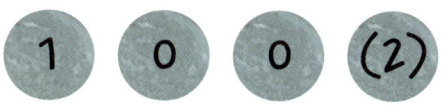

"일, 영, 영, 이? 아니지. 일, 영, 영, 괄호 열고 이 괄호 닫고? 그래서 이게 뭔데?"

현보만이 아니라 지민이와 해성이도 혼란스럽기는 마찬가지였다.

"이것만 보고 어떻게 층수를 알 수 있지?"

"혹시 1층에서 두 층을 올라가 3층이라는 얘기입니까요?"

그러자 승아가 고개를 저으며 딱 잘라 말했다.

"아니, 답은 4층이야."

승아는 마지막 쇠구슬에 적힌 '(2)'를 가리켰다.

"이 괄호 안의 2는 2진법을 말하는 거야."

"2진법?"

지민이가 깜짝 놀라 물었다. 2진법이라니, 정말 생각지도 못한 방향이었다.

"2진법이 그거 맞지? 0이랑 1로만 수를 나타내는 방법."

"응. 2진법으로 둘씩 묶어서 윗자리로 올리면 2는 한 자리 올려서 10이 되고, 3은 11, 4는 또 한 자리 올려서 100이 되지."

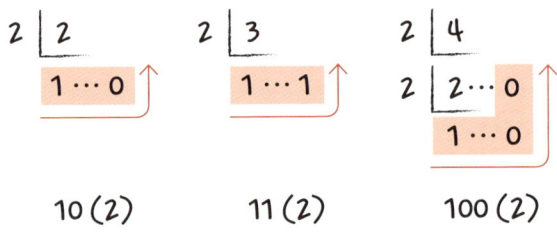

승아가 차분하게 설명하자 해성이가 혀를 내두르며 감탄했다.

"와, 그러면 쇠구슬에 적힌 일, 영, 영은 4가 됩니다요. 4층! 승아 님, 진짜 끝내줍니다요!"

현보도 진심으로 칭찬했다.

"맞아! 승아는 진짜 대단해. 양팔 저울을 만든 지민이도 대단하고."

"다 네 덕이지. 네 페트병이 없었다면 나도 양팔 저울을 못 만들었을 거야."

지민이가 빙긋 웃고는 현보의 어깨를 두드렸다.

"와, 그런 거야?"

지민이의 말에 기뻐하는 현보 옆으로 해성이가 목을 쑥 뺐다.

"저는, 저는 어떻습니까요? 지민 님?"

"지금부터 멋지게 활약하지 않을까?"

"힛, 알았습니다요!"

해성이가 벌떡 일어나서 앞장섰다.

"자, 빨리 신관 4층으로 가십시다요!"

이상한 나침반과 수상한 자석

신관 건물 입구를 지나 중앙계단을 오르기 직전, 해성이가 액션캠을 꺼내 들었다.

"우리 과학 추리반이 정답을 맞히는 순간을 찍고 싶습니다요. 찍어도 괜찮겠습니까요?"

"난 괜찮아."

"기록은 중요하니까."

승아와 현보가 찬성했다. 지민이는 고개를 끄덕이면서도 주의를 주는 걸 잊지 않았다.

"6학년은 자기들을 찍으면 싫어할 수 있어. 6학년을 피해서 조심히 찍어."

"알았습니다요, 지민 님!"

해성이는 신이 나서 액션캠을 들고 계단을 올랐다.

"헬로해성님들, 우리 과학 추리반은 정말 최고입니다요. 페트병으로 양팔 저울을 만들어서 쇠구슬에 쓰인 암호를 뚝딱 풀어냈습니다요. 이제 우리는 4층에 올라가서 선착순 두 팀에 들어가면 됩니다요."

"해성아, 전부터 물어보고 싶었는데 왜 구독자를 헬로해성님들이라고 불러?"

현보의 질문에 해성이가 멋쩍은 듯 씩 웃었다.

"헬로(Hello)와 내 이름을 붙여 부르는 거랍니다요. 핼리혜성을 본떠 만들었습니다요."

"오, 멋있다! 잘 지었네."

"히히, 고맙습니다요."

서로 한마디씩 주고받는 사이 금방 4층에 도착했다. 올라오는 동안 층마다 책상이 놓였고, 그 위에 나침반이 하나씩 올려져 있었다. 어느 층이 정답인지 헷갈리게 하려는 눈속임 장치였다. 가장 먼저 4층에 오른 해성이가 외쳤다.

"여기도 책상과 나침반이 있습니다요!"

"나침반 빨간 바늘이 향하는 방향이 북쪽이니까……. 이쪽이 북쪽이야!"

현보가 손가락으로 복도 오른쪽을 가리켰다. 나침반의 빨간 바늘은 N극, 파란 바늘은 S극이다. N극은 항상 북쪽을, S극은 남쪽을 향한다. 그리고 지금 빨간 바늘은 오른쪽을 향하고 있다. 지민이와 승아의 고개도 오른쪽으로 돌아갔다.

"이 끝에 정답 교실이 있겠네."

"다른 팀이 오기 전에 빨리 가자."

현보와 지민이, 승아는 얼른 복도 오른쪽으로 걸어갔다. 액션 캠으로 나침반을 가까이 찍던 해성이가 뒤늦게 몸을 일으켰다.

"어, 어! 같이 가……."

해성이는 서둘러 아이들을 따라가려고 하다가 책상에 살짝 부딪혔다. 그 순간, 눈이 휘둥그레졌다. 갑자기 나침반 바늘이 팽그르르 돌았기 때문이다.

"잠깐만, 모두 이리 와 보십시다요! 하나만 확인해 보고 갑시다요."

해성이가 얼른 호주머니에서 막대자석을 꺼냈다.

"아까 실험 도구 중에서 이것만 안 쓰여서 가지고 왔습니다요. 혹시 다음 단계에서 필요한 건가 생각했습니다요."

"막대자석이 왜?"

지민이가 영문을 모르겠다는 표정으로 다가왔다. 승아와 현보도 따라왔다. 때마침 계단 아래에서 웅성대는 소리가 들렸다. 6학년 팀들이 올라오는 소리였다. 현보가 고개를 내밀어 계단 아래쪽을 보고는 초조하게 외쳤다.

"아, 다른 팀들이 올라오고 있어. 우리 빨리 가야 해."

하지만 해성이는 아랑곳하지 않았다. 잽싸게 막대자석을 뒤로 숨기고 말했다.

"아무것도 모르는 척하고 그냥 보내 주십시다요."

곧 4층으로 올라온 6학년 팀은 나침반을 보고는 복도 오른쪽으로 뛰어갔다. 현보가 허탈한 표정을 지었다.

"아, 망했다. 우리가 졌어."

"흐흐, 아닙니다요. 우리가 이겼습니다요."

해성이는 막대자석을 나침반에 가까이 가져갔다. 그러자 이게 웬일인가! 나침반의 붉은 바늘이 막대자석의 파란색 S극과 반대 방향으로 핑그르르 돌아갔다.

"헐!"

지민이와 승아, 현보가 놀라서 입을 떡 벌렸다. 해성이가 싱글싱글 웃으며 설명했다.

"원래 나침반의 붉은 바늘은 N극이라서 막대자석의 S극에 끌려야 합니다요. 하지만 보다시피 반대쪽으로 돌아갔습니다요. 이 말인즉!"

승아가 홀린 듯 중얼거렸다.

"함정이었구나. 붉은 바늘이 S극이었어. 그럼……."

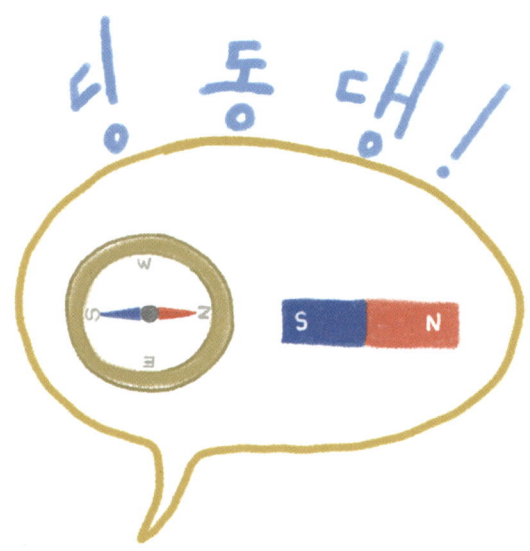

아이들은 서로 약속이라도 한 듯 동시에 복도 왼쪽을 보았다. 해성이가 고개를 끄덕였다.

"맞습니다요. 정답은 반대쪽, 즉 왼쪽이었습니다요!"

아이들은 그제야 깨달았다. 쇠구슬과 함께 들어 있던 막대자석은 나침반의 바늘이 조작됐는지 아닌지를 확인하는 데 필요한 물건이었다. 현보가 가슴을 쓸어내렸다.

"휴, 그럼 방금 지나간 팀은 반대 방향으로 간 거네?"

"그렇지. 해성이 덕분에 우린 함정을 피할 수 있었고."

승아도 한결 안심한 목소리였다. 지민이가 활짝 웃으며 해성이를 칭찬했다.

"역시 문해성! 신관에서 활약할 줄 알았어!"

"흐흐, 하지만 아직 끝나지 않았습니다요. 다른 팀이 오기 전에 얼른 정답 교실에 도착해야 합니다요."

해성이가 어깨를 으쓱하며 앞장섰다. 지민이와 현보, 승아도 줄줄이 따라 왼쪽 복도로 걸어갔다. 모두 발걸음이 아주 가벼웠다.

"드디어 다 왔습니다요."

해성이는 복도 맨 끝에 있는 교실 문 앞에 섰다.

"제가 찍고 있겠습니다요. 지민 님이 문을 열어 주십니다요."

"알았어."

지민이가 문손잡이를 잡았다.

"이제 들어가자."

지민이는 크게 숨을 들이쉬고는 단박에 문을 열었다.

교실에는 반가운 얼굴이 기다리고 있었다.

"오! 역시 너희가 성공할 줄 알았단다."

최국일 선생님이었다. 선생님은 자리에서 벌떡 일어나 양팔을 벌려 아이들을 반겼다. 진심으로 기뻐하는 얼굴이었다.

"어서 들어와라. 정말 잘했어!"

해성이의 과학 노트

실험 도구 상자에 왜 막대자석이 있었을까요? 오늘 이 의문이 아니었으면 우리는 6학년 과학 영재반 선배들에게 졌을 겁니다요. 과학적 추리는 알고 있는 사실도 다시 확인해 보는 것에서부터 시작됩니다요. 그래서 준비물 사이에 뜬금없이 끼어 있는 것 같던 막대자석이 어딘가에 사용될 거라고 예상할 수 있었습니다요.

자석의 이모저모

- **자석**: 자성을 띠는 광물로 N극과 S극이 있어요. 자석은 철로 된 물질을 끌어당기는 성질을 가지고 있어요.

- **자석의 극**: 자석의 양쪽 끝은 다른 부분보다 더 힘이 세기 때문에 클립이 가장 많이 달라붙어요. 자석의 양 끝은 양극이 되고 N극과 S극으로 나뉘어요. 신기하게 자석을 반으로 자르면 다시 N극과 S극이 된답니다.

- **자석의 힘**: 자석은 철로 된 물체를 잡아당기는 특성이 있어요. 그렇다면 자석끼리는 어떤 힘이 작용할까요? 같은 극(N극-N극, S극-S극)끼리는 서로 밀어내는 힘이 작용하고 다른 극(N극-S극)끼리는 잡아당기는 힘이 작용해요.

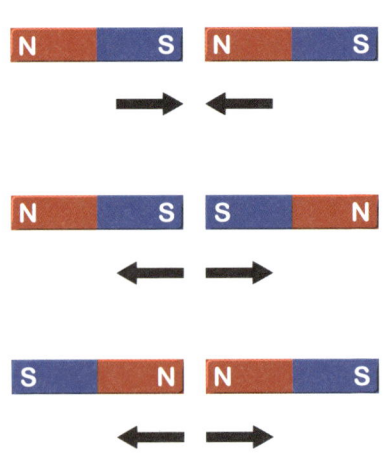

- **나침반**: 나침반은 동서남북 방위를 알 수 있도록 만든 도구예요. 나침반의 바늘은 자석이지요. 빨간색과 파란색으로 나뉘는데, 자석과 마찬가지로 빨간

부분이 N극, 파란 부분이 S극이에요. N은 북쪽을 나타내는 영어 단어 North, S는 남쪽을 나타내는 South의 앞 글자이지요. 나침반이 항상 북쪽과 남쪽을 가리킬 수 있는 것은 지구의 북극과 남극이 자석의 성질처럼 끌어당기는 힘이 있기 때문이에요. 그러니 나침반의 N극이 가리키는 방향이 북쪽이고, S극이 가리키는 방향은 남쪽이 되는 겁니다. 지구 자체가 커다란 자석인 셈이지요.

자석 하나로 자석을 하나 더 만들 수 있다고요?

자석의 특이한 성질 중 하나는 쇠처럼 자석에 붙는 물체에 대고 문지르면 그 물체도 자석의 성질을 띠게 된다는 거예요. 클립이나 못에 자석을 한 방향으로 문지른 다음 철가루에 가까이 대면 마치 자석을 가져다 댄 것처럼 철가루가 붙지요. 많이 문지를수록 더 강한 자석이 된답니다.

함께 만들어 봐요!

자석으로 나침반을 만들어요
동서남북 방향을 알고 싶을 때, 나침반이 필요하죠. 그런데 나침반이 없다면 자석을 이용해 나침반을 만들 수 있답니다.

준비물: 자석, 바늘 또는 머리핀, 수수깡 조각 또는 나무 조각, 빨간색 유성펜

1. 바늘을 자석에 붙여둡니다(자석에 바늘을 한 방향으로 문지르면 더 빨리 자석처럼 변합니다).
2. 바늘을 클립에 갖다대어 자석처럼 변했는지 확인합니다.
3. 자석을 이용해 바늘의 S극과 N극을 확인하고, N극에 빨간색 펜으로 표시를 해줍니다(자석의 S극에 끌려오는 방향이 N극, N극에 끌려오는 방향이 S극이 됩니다).
4. 바늘을 수수깡 조각에 끼워 물에 띄운 후, 빨간색 표시가 되어 있는 방향을 확인합니다.

바늘이 어느 방향을 가리키나요? 바늘의 빨간색 부분이 가리키는 곳이 바로 북쪽입니다. 나침반의 바늘도 항상 북쪽을 가리키는 원리를 이용한 것이지요!

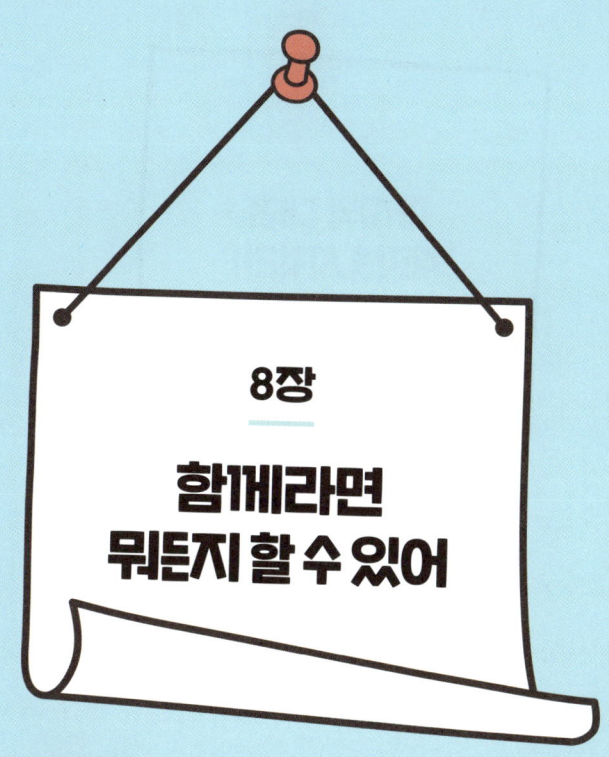

8장

함께라면 뭐든지 할 수 있어

마지막 대결
'계란을 지켜라!'

"너희가 선착순 두 번째 팀이야."

싱글벙글하는 최국일 선생님 뒤로 과학 추리반보다 먼저 도착한 6학년 팀이 보였다. 단정한 머리에 두꺼운 뿔테 안경을 쓴 남자아이들이었다. 6학년 팀은 과학 추리반을 힐끔 보더니 금세 책으로 눈을 돌렸다. 해성이가 흠칫 놀라 작은 목소리로 속삭였다.

"헉! 대단한 형님들이십니다요. 여기서도 공부를 하고 있습니다요."

지민이가 최국일 선생님에게 물었다.

"선생님, 저 오빠들은 언제 왔어요?"

"쟤들은 한참 전에 왔지. 얘기 들어 보니까 아예 방위를 외우고 있다더라. 그래서 나침반을 보지도 않고 바로 북쪽을 찾았다고 하더구나."

"헉, 방위를 외운다고요? 그게 가능해요? 말도 안 돼!"

깜짝 놀란 현보가 저도 모르게 큰 소리를 냈다. 그러자 두꺼운 뿔테 안경을 쓴 6학년들이 동시에 현보를 째려보았다. 그 가운데 한 명이 안경을 고쳐 쓰고는 신경질적으로 쏘아붙였다.

"넌 어떻게 방위를 모를 수 있지? 그게 가능해? 해가 뜨는 쪽은 동쪽, 지는 쪽은 서쪽, 동쪽을 오른쪽으로 두고 앞쪽이 북쪽, 뒤쪽이 남쪽. 너무나도 당연한 사실을 모르다니 말이 돼?"

"죄송해요. 제가 너무 놀라서 실수로 잘못 말했어요."

그때 교실 문이 열리고 회색 양복을 입은 교장 선생님이 들어왔다. 교장 선생님은 머리가 하얗게 세고 눈이 부리부리했다. 갈매기 날개처럼 두껍고 짙은 눈썹이 얼핏 조왕수 선생님과 비슷했다. 교장 선생님 뒤로 조왕수 선생님이 따라 들어왔다.

"안녕하세요!"

아이들이 모두 일어나 씩씩하게 인사했다. 교장 선생님은 가볍게 고개를 숙여 인사하고 아이들을 한 바퀴 쭉 둘러보았다.

"어려운 문제를 풀고 선착순으로 들어온 두 팀 모두 축하합니다. 모두 마지막까지 포기하지 말고 우리 국일초등학교의 자랑스러운 모범을 보여 주세요. 열심히 응원할게요."

교장 선생님 뒤쪽에서 조왕수 선생님이 손뼉 치는 시늉을 했다. 그 모습을 본 아이들이 재빨리 손뼉을 쳤다.

짝짝짝!

교장 선생님은 확신에 찬 표정으로 고개를 끄덕였다.

"그럼 마지막 문제를 내겠습니다. 이름하여 '스턴트 에그'입니다."

조왕수 선생님이 얼른 작은 상자 두 개를 교탁 위에 올렸다.

"달걀을 3층 높이에서 떨어뜨려서 박살 나지 않고 형태를 유지하면 성공이고, 달걀이 깨지면 실패입니다. 여기 상자 두 개에는 서로 다른 재료가 들어 있습니다. 팀별로 상자를 하나씩 골라 그 안에 든 재료를 이용해서 스턴트 에그에 도전해 주세요. 성공하는 팀이 최종 우승입니다."

아이들은 멍하니 교장 선생님을 보았다.

'달걀을 3층에서 떨어뜨리는데 멀쩡할 수 있어?'

지민이 역시 아무리 생각해도 답이 없었다. 애초에 불가능한 문제로 보였다.

"자, 그럼 두 팀 모두 나와서 상자 안의 내용물을 확인하세요."

과학 추리반과 6학년 팀은 자리에서 일어나 상자 앞으로 갔다. 교장 선생님 말씀처럼, 상자 두 개에는 서로 다른 내용물이 들어 있었다. 하나에는 비닐과 실이 담겼고, 다른 하나에는 빨대

열다섯 개와 박스테이프 한 개가 담겨 있었다. 그 밖에 가위 두 개, 종이컵에 담긴 달걀 한 개는 똑같이 들어 있었다. 승아가 낮은 목소리로 속삭였다.

"비닐과 실은 낙하산 재료 같아. 빨대와 박스테이프는 잘 모르겠지만 달걀을 보호할 뭔가를 만들라는 뜻이겠지."

듣고 있던 해성이가 손가락을 탁 튕겼다.

"아하! 그럼 당연히 낙하산입니다요."

"나도 그렇게 생각해. 낙하산이라면 달걀을 무사히 땅으로 내려보낼 수 있어."

"좋아, 그럼 우린 낙하산 상자로 결정!"

지민이와 현보도 찬성했다.

"상자 내용물을 확인했으면 자리로 돌아갑니다."

아이들은 교장 선생님의 지시에 따라 제자리로 돌아가 앉았다.

"그럼 마지막 대결을 시작하겠습니다. 모두 조왕수 선생님의 지시하에 끝까지 최선을 다해 주기를 진심으로 바랍니다."

교장 선생님은 말씀을 마치고 교실을 나갔다. 이제 교실 안에는 조왕수 선생님과 최국일 선생님, 과학 추리반과 6학년 팀이 남았다. 조왕수 선생님이 교탁 앞에 섰다.

"교실에 먼저 도착한 6학년 팀부터 상자를 선택해라."

그러자 현보가 손을 번쩍 들었다.

"선생님, 공평하게 가위바위보로 결정해요!"

"선착순은 불공평하고 가위바위보는 공평하다는 근거는 뭐지?"

"그건……."

현보는 대번에 기가 죽어 말끝을 흐렸다. 조왕수 선생님은 단호하게 말했다.

"선착순 두 팀이라는 건 문제의 정답뿐만 아니라 문제를 푸는 속도도 중요하다는 뜻이다. 따라서 선착순 두 팀 가운데 먼저 들어온 팀이 나중에 들어온 팀보다 높은 점수를 받는 게 당연하지."

뒤에서 듣던 최국일 선생님도 고개를 끄덕였다.

"조왕수 선생님 말씀이 옳아. 늦게 들어온 너희는 상자 선택권이 없단다."

"힝."

"쓸데없는 소리 그만하고."

조왕수 선생님이 6학년 팀을 보았다.

"6학년 팀, 어떤 상자를 가져갈지 선택해라."

"저희는 비닐과 실 상자를 가져가겠습니다."

지민이는 실망하여 이마를 찌푸렸다. 제발 낙하산 재료를 선택하지 말라고 빌었건만. 간절한 기도가 하늘에 닿지 않은 모양이었다. 조왕수 선생님이 남은 상자를 힐끔 보고 말했다.

"그럼 자동으로 5학년 과학 추리반은 빨대와 박스테이프 상자로 정해졌군. 팀별로 각자 상자를 가져가라."

6학년 팀이 먼저 비닐과 실 상자를 가져가고, 그다음에 지민이가 빨대와 박스테이프 상자를 가져왔다. 조왕수 선생님이 대결의 시작을 알렸다.

"지금부터 정확히 한 시간 뒤에 스턴트 에그를 시작하겠다. 그때까지 모든 준비를 마치도록! 단, 상자에 들어 있는 재료 말고 다른 재료를 사용하면 바로 탈락이다. 그럼 시작!"

승아가 가방에서 연필과 연습장을 꺼냈다.

"일단 빨대와 박스테이프를 사용해서 달걀을 넣을 수 있는 구조물을 만들어야 해. 떨어뜨려도 부서지지 않고, 안에 든 달걀이 충격을 받지 않도록 튼튼해야지."

해성이가 먼저 입을 열었다.

"상자 같은 육면체는 어떻겠습니까?"

승아가 연습장에 육면체를 그렸다. 지민이는 육면체를 보고 다른 의견을 냈다.

"육면체는 밑면으로 떨어졌을 때 충격이 너무 크지 않을까? 차라리 팔면체는 어때? 육면체보다 꼭짓점이 많아서 충격이 분산될 것 같은데."

"좋은 생각이야."

승아는 고개를 끄덕이며 연습장에 팔면체를 그렸다. 현보가 고개를 갸웃했다.

"이 팔면체 안에 달걀을 넣는다고? 어떻게?"

해성이가 한 손으로 빨대를 집어 들고 살짝 흔들었다.

"요 빨대로 팔면체를 만들고 박스테이프로 고정하면 되지 않겠습니까요?"

"내 생각도 그래."

승아가 가위와 박스테이프를 해성이에게 건넸다.

"빨대는 나 주고 넌 현보랑 가위로 박스테이프를 적당한 길이로 잘라줘. 지민이는 나랑 빨대로 팔면체를 만들자."

아이들은 고개를 힘차게 끄덕였다. 본격적으로 팔면체를 만드는 작업이 시작되었다. 해성이와 현보가 박스테이프를 잘라 건네면 지민이와 승아가 박스테이프로 빨대를 이어 붙여 팔면체를 만들어 나갔다.

잠시 뒤, 빨대와 박스테이프로 만든 팔면체가 완성되었다. 승아가 책상 높이에서 팔면체를 떨어뜨려 보았다. 바닥으로 떨어진 팔면체는 통통 튀기는 해도 찌그러지거나 부서지지 않고 형태를 온전히 유지했다.

"오오! 멋집니다요. 이제 달걀을 넣으면 됩니까요?"

해성이가 손뼉을 치며 물었다. 현보가 냉큼 달걀을 승아에게 건넸다.

"승아야, 잘 부탁해."

승아는 달걀을 받아서 팔면체 안쪽에 넣고 박스테이프와 빨대를 사용해서 고정했다. 지민이가 고개를 갸우뚱했다.

"좀 불안해 보이는데?"

"나도 그렇게 생각해."

승아는 한숨을 쉬며 팔면체를 잡고 흔들었다. 팔면체 안쪽의 빨대에 붙여 놓은 달걀이 위태롭게 흔들리는 모습이 보였다. 지민이가 갑자기 연습장을 한 장 찢어서 마구 구겼다.

"이렇게 종이를 구겨서 팔면체 안에 넣으면 어떨까? 종이 뭉치로 팔면체를 채우면 분명 떨어질 때 충격을 흡수해 줄 거야. 그러면 달걀도 무사하겠지."

해성이가 고개를 절레절레 저었다.

"좋은 생각이지만 안 됩니다요. 조왕수 선생님이 분명 상자 속 재료만 이용하라고 하셨습니다요."

승아도 내키지 않는 목소리로 동의했다.

"해성이 말이 맞아. 아까 다른 재료를 쓰면 바로 탈락이라고 하셨잖아. 종이 뭉치를 넣으면 우린 바로 탈락할 거야."

"좋은 생각이 났어!"

현보가 박스테이프를 지민이와 승아, 해성이를 향해 내밀었다.

"종이 말고 이 박스테이프를 종이처럼 구겨서 넣자. 박스테이프는 아주 넉넉하니까 팔면체를 다 채우고도 남을 거야."

"오! 박스테이프는 상자 속 재료니까 사용해도 문제없겠습니다요."

해성이가 손뼉을 짝 치고 좋아했다. 지민이와 승아도 얼굴이 확 펴졌다.

"좋은 생각이야. 잘했어, 현보야."

"그럼 어서 박스테이프를 잘라서 구겨 넣자!"

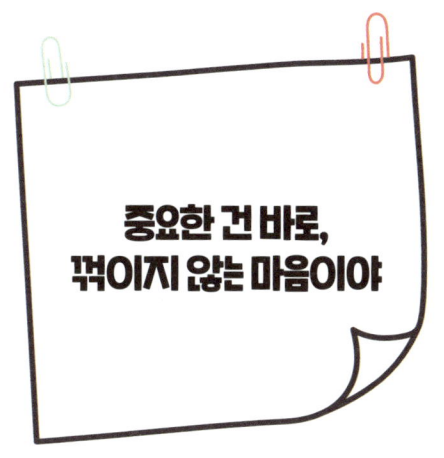

중요한 건 바로, 꺾이지 않는 마음이야

 드디어 마지막 대결의 시간이 되었다. 6학년 팀 대표와 과학 추리반 대표 지민이만 3층 교실로 이동하고, 나머지 아이들은 최국일 선생님을 따라 신관 건물 밖으로 나갔다. 최국일 선생님은 아이들을 모아 놓은 다음 교장 선생님도 모셔 왔다. 아이들은 선생님들과 함께 3층 교실을 올려다보았다. 3층 교실 창문 너머로 조왕수 선생님이 손을 들고 준비 완료 신호를 보냈다. 최국일 선생님이 큰 소리로 외쳤다.

 "자, 그럼 지금부터 스턴트 에그를 시작하겠습니다. 먼저 선착순 1번 팀 6학년 과학 영재반부터 도전합니다!"

 6학년 팀 대표가 조심스레 낙하산의 양쪽 끝을 잡아 펼친 다음 창문 아래로 던졌다. 낙하산은 활짝 펼쳐진 채로 바람을 타고 안정적으로 내려왔다. 그런데 갑자기 돌풍이 불었다. 낙하산은 팽그르르 돌며 나무로 향하더니 나뭇가지에 부딪혀 긁혔다. 비닐이 찢어지며 대롱대롱 걸렸고, 기울어진 종이컵에서 달걀이 스르륵 미끄러져 떨어졌다.

"퍽!

땅바닥에 내리꽂힌 달걀은 완전히 박살 났다. 처참하게 깨진 껍질 사이로 노른자가 주르륵 흘러나왔다.

"호오, 달걀이 깨졌습니다요."

해성이가 혼잣말처럼 중얼거렸다. 6학년 팀은 돌발 상황에 넋이 나간 표정이었다. 6학년 팀 대표는 주먹을 불끈 쥐고 조왕수 선생님에게 말했다.

"선생님, 바람 때문이에요. 갑자기 바람만 안 불었어도 무사히 착지했다고요! 그러니까 이건 무효예요!"

하지만 조왕수 선생님은 단호하게 고개를 저었다.

"여기가 진공상태도 아닌데 바람 탓을 할 수는 없어. 당연히 바람까지 생각했어야 맞지. 그게 바로 실전이다. 미처 바람을 생각하지 못한 너희 실수로 달걀이 깨진 거야."

6학년 팀 대표는 고개를 푹 숙였다. 조왕수 선생님은 살짝 누그러진 목소리로 말했다.

"인정해라. 너희 낙하산은 스턴트 에그 도전에 실패했다."

"네……."

조왕수 선생님은 지민이를 돌아보았다.

"그럼 5학년 과학 추리반 시작해라."

지민이는 창문 앞에 서서 숨을 크게 들이쉬었다. 팔면체를 든 손에 힘이 절로 들어가고 가슴이 조마조마 터질 것만 같았다. 지민이는 창문 너머로 팔면체를 내밀고 눈을 꼭 감았다. 팔면체가 달걀을 무사히 보호해 주기를 간절히 빌며 조심스럽게 손에서 놓았다.

툭!

팔면체는 건물 아래로 곧장 떨어졌다. 건물 앞에서 기다리고 있던 과학 추리반 아이들은 쪼르르 팔면체를 향해 달려갔다. 승아가 얼른 팔면체를 집어 들었다. 현보와 해성이가 승아와 함께 구겨 넣은 테이프 뭉치를 살살 빼냈다. 그러자 팔면체 안쪽에 멀쩡한 상태로 꼭꼭 잘 고정된 달걀이 보였다.

"와, 성공입니다요!"

"우리가 이겼다!"

현보와 해성이가 손을 마주 잡고 방방 뛰었다. 승아도 활짝 웃으며 기뻐했다.

"잠깐! 그건 반칙이지."

뒤따라온 6학년 팀 아이들이 사납게 따졌다.

"박스테이프는 빨대를 붙이는 용도잖아? 그런데 완충재로 쓰다니 인정할 수 없어! 박스테이프 뭉치를 다 빼고 팔면체 구조물로만 다시 던져."

"그게 무슨 억지예요?"

승아가 어이없다는 듯 콧방귀를 뀌었다.

"우리는 상자 속 재료만 사용했어요. 선생님께서 분명히 상자 속 재료만 사용하라고 했지, 어떻게 사용해야 한다고 정해 주진 않으셨잖아요. 그러니까 박스테이프를 빨대 붙이는 데 쓰든, 구겨 넣어서 완충재로 쓰든 우리 마음이라고요."

그때 뒤쪽에서 조왕수 선생님의 목소리가 들려왔다.

"과학 추리반의 말이 맞다."

조왕수 선생님은 지민이와 6학년 팀 대표를 데리고 3층에서 막 내려온 참이었다.

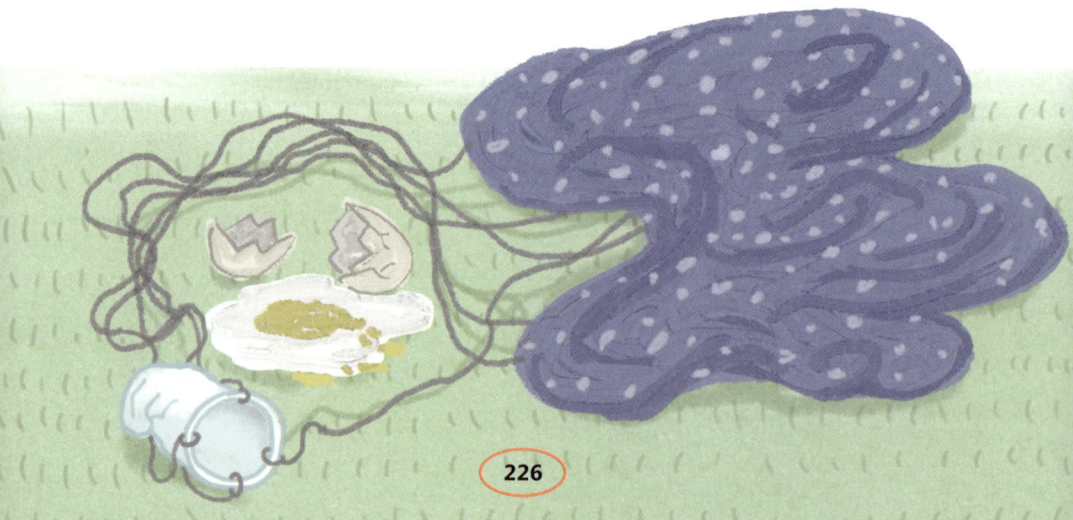

"주어진 재료를 어떻게 활용할지는 각자 창의성에 달렸지. 박스테이프를 완충재로 사용한 방법은 과학 추리반의 창의성으로 보인다."

조왕수 선생님이 교장 선생님을 향해 정중하게 물었다.

"교장 선생님께서는 어떻게 생각하십니까?"

교장 선생님은 헛기침을 한 번 하고 입을 열었다.

"스턴트 에그는 상자 속 재료를 사용하여 달걀을 깨뜨리지 않고 낙하시키는 방법을 찾는 겁니다. 6학년 과학 영재반의 낙하산은 잘 만들었지만 달걀을 보호하지는 못했습니다. 바람이라는 변수도 과학 실험의 중요한 요인이지만 고려하지 못했죠."

6학년 팀 아이들은 아쉬워하며 한숨을 쉬었다.

"반면 5학년 과학 추리반은 놀라운 창의성을 보여 주었습니다. 빨대와 박스테이프로 팔면체 구조물을 만들어서 충격을 분산시켰을 뿐만 아니라 박스테이프를 완충재로 활용하여 달걀을 충격에서 보호했지요. 아주 멋진 생각이고, 결과적으로 달걀을 무사히 낙하시키는 데 성공했습니다. 따라서 이번 과학 실험 대결은 5학년 과학 추리반의 승리입니다! 진심으로 축하합니다."

교장 선생님이 과학 추리반의 승리를 선언하고 손뼉을 쳤다.

"와, 우리가 해냈어!"

승아와 지민이, 현보와 해성이는 손에 손을 잡고 번쩍 만세를 했다. 그 모습을 본 교장 선생님이 최국일 선생님을 불렀다.

"최 선생님."

"네, 교장 선생님."

"과학 추리반을 정식으로 인정합니다. 앞으로도 아이들과 함께 과학을 흥미롭고 창의적으로 탐구해 주세요. 그리하여 우리 아이들이 장래 노벨상도 받고, 뛰어난 발명품도 만들고, 세상을 더욱더 창의적으로 이끌어 나갈 리더로 자랄 수 있게 잘 지도해 주세요."

교장 선생님은 인자한 미소를 띠고 과학 추리반 아이들에게 다가와 말했다.

"나도 어릴 때 꿈이 발명가였단다. 라디오가 궁금해서 뜯다가 고장 내기도 하고, 휴대용 에어컨을 만든다고 선풍기 날개에 얼음을 달기도 했지. 엉뚱해도, 실수를 저질러도 괜찮아. 과학적 호기심과 탐구심은 뛰어난 창의성의 발판이 되니까. 계속 열심히 과학 추리반 활동을 해 주렴."

"네!"

과학 추리반 아이들은 아주 씩씩하게 대답했다. 최국일 선생님도 씩 웃었다.

"교장 선생님 말씀 잘 들었지? 정식으로 인정받았으니 더 열심히 노력해야 해."

"당연하죠, 선생님! 저희 못 믿으세요?"

"저희가 누구입니까요? 국일초등학교의 과학 추리반입니다요!"

현보와 해성이가 호들갑을 떨었다. 승아도 은근히 한마디 보탰다.

"뭐, 실망하시는 일은 없게 할게요."

가만히 듣고 있던 지민이가 쿡쿡 웃었다. 그러자 현보와 해성이, 승아가 지민이를 돌아보았다.

"뭐야, 지민이 너 왜 혼자 웃어?"

"이유가 궁금합니다요?"

"어서 말해 줘. 우리도 같이 웃자."

지민이가 얼굴 가득 미소를 띠고 대답했다.

"좋아서. 너희와 함께 과학 추리반이라서 너무 좋아."

티끌만큼의 거짓도 없는 진심이었다. 현보, 해성이, 승아는 하나같이 개성 넘치는 친구들이었다. 셜록 홈스 모자를 쓰고 다니고 탐정 자격증을 보유한 최국일 선생님은 어떤가. 특이하기로는 둘째가라면 서러운 선생님이었다. 남다른 친구들 그리고 선생님과 함께하는 과학 추리반이라니! 앞으로 얼마나 흥미진진하고 즐거운 과학 추리를 펼치게 될지 기대감이 풍선처럼 부풀어 올랐다.

"나도! 나도 좋아, 지민아."

"지민 님이 이런 말도 할 줄

아는지 몰랐습니다요. 기분이 이상하게 좋습니다요."

"뭘 그런 당연한 말을. 물론 나도 좋기는 해."

현보와 해성이, 승아가 차례로 한마디씩 했다. 지민이가 친구들에게 손을 내밀었다. 다들 재빨리 눈치채고 서로 손을 잡고 빙 둘러섰다. 최국일 선생님도 얼른 끼어들었다.

"얘들아, 선생님도! 선생님도 끼워 줘야지!"

과학 추리반 아이들과 최국일 선생님, 모두 다섯 명이 하하 호호 웃으며 손에 손을 잡고 섰다. 그리고 하나, 둘, 셋! 다 같이 양손을 번쩍 들며 외쳤다.

"과학 추리반 만세! 최고다!"

6학년 과학 영재반과 대결에서 승리할 수 있었던 건 바로 과학 추리반 모두의 아이디어와 의견이 합쳐진 덕분이야. 처음에는 막막하기도 했지만, 우리 모두 과학 추리반을 하면서 한 단계씩 성장한 것 아닐까? 앞으로도 큰 활약을 하리라고 기대해!

충격을 줄이는 과학적인 방법은 무엇일까요?

자동차의 에어백을 아시나요? 자동차가 충돌하면 차에 타고 있는 사람에게 큰 충격이 가해져서 다치게 됩니다. 그것을 막아 주고자 자동차에는 범퍼, 안전벨트, 에어백 등의 안전장치가 있어요. 충격은 똑같을 텐데 에어백이 있으면 왜 덜 다칠까요?

- **충격량**: 물체가 충돌했을 때 받는 충격의 정도로, 물체가 받는 힘의 크기와 힘을 받은 시간을 곱한 값입니다. 충돌할 때 충격량이 같다면 힘을 받는 시간을 길게 함으로써 받는 힘을 줄일 수 있답니다.

- **안전장치**: 충돌 시간을 길게 해 받는 힘의 크기를 줄이는 장치를 말합니다. 자동차를 예로 들면, 범퍼는 안쪽이 비어 있고 에어백은 공기주머니지요. 둘 다 자동차가 충돌했을 때 충돌 시간을 늘려 줍니다. 안전벨트도 조금 늘어나면서 우리 몸을 잡아 주어 충돌 시간을 늘려 주지요.

충격 실험

달걀을 같은 높이에서 그냥 바닥에 떨어뜨리는 상황(A)과 두툼한 쿠션 위에 떨어뜨리는 상황(B)을 생각해 볼까요?

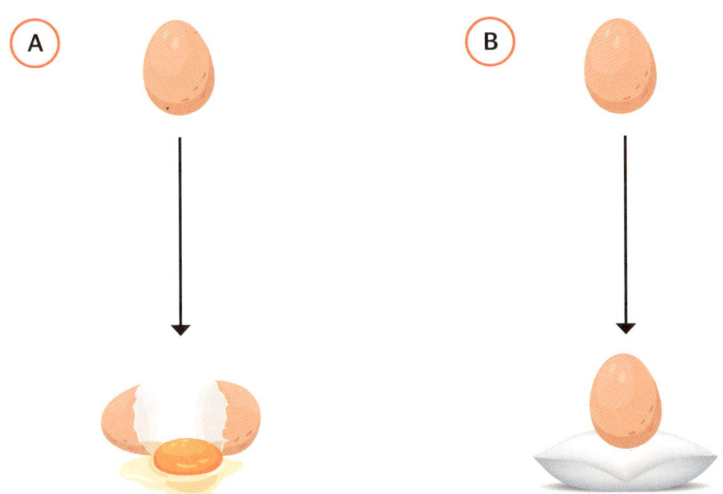

같은 높이에서 떨어진 달걀의 충격량은 같아요. 하지만 쿠션 위로 떨어지면 달걀의 충돌 시간이 길어지기 때문에 받는 힘이 작아져요. 받는 힘이 작아지면 달걀이 깨질 확률도 낮아지죠. 마찬가지로 테이프를 구겨서 빨대 구조물 사이에 넣으면, 테이프가 일종의 쿠션 역할을 해서 충돌 시간을 늘려 달걀에 가해지는 충격을 줄여 주는 것이죠.
충격량은 속도와 관련이 있어요. 빠른 속도로 떨어지면 충격이 커요. 낙하산은 공기의 저항력을 이용하여 떨어지는 속도를 늦출 수 있는 장치입니다. 우리 경쟁 팀은 불운하게도 돌풍 때문에 낙하산을 제대로 안착시키지 못했지요(쌤통이다!).

어린이를 위한 과학 사고력 동화
과학 추리반 아이들

제1판 1쇄 발행 | 2023년 5월 22일
제1판 12쇄 발행 | 2025년 8월 25일

지은이 | 윤자영
그린이 | 이갑규
펴낸이 | 하영춘
펴낸곳 | 한국경제신문 한경BP
출판본부장 | 이선정
편집주간 | 김동욱

주소 | 서울특별시 중구 청파로 463
기획편집부 | 02-360-4556, 4584
홍보마케팅부 | 02-360-4595, 4562   FAX | 02-360-4837
H | http://bp.hankyung.com   E | bp@hankyung.com
F | www.facebook.com/hankyungbp
등록 | 제 2-315(1967. 5. 15)

ISBN 978-89-475-4898-4   73400

책값은 뒤표지에 있습니다.
잘못 만들어진 책은 구입처에서 바꿔드립니다.